Veronika Schmidt

Aufgeklärt

PÄDAGOGISCHES KNOW-HOW FÜR DIE SEXUALERZIEHUNG

SCM

SCM

Stiftung Christliche Medien

SCM R.Brockhaus ist ein Imprint der SCM Verlagsgruppe, die zur Stiftung Christliche Medien gehört, einer gemeinnützigen Stiftung, die sich für die Förderung und Verbreitung christlicher Bücher, Zeitschriften, Filme und Musik einsetzt.

Max-Eyth-Straße 41 · 71088 Holzgerlingen
Internet: www.scm-verlag.de · E-Mail: info@scm-verlag.de

Sämtliche Internet-Links wurden am 28.03.2022 überprüft.

Umschlag-, Innengestaltung und Illustrationen: Erik Pabst, www.erikpabst.de
Autorenfoto: © Sophia Langner
Druck und Bindung: Dimograf Sp z o.o.
Gedruckt in Polen
ISBN 978-3-7751-6118-3
Bestell-Nr. 396.118

INHALT

HUT AB,

dafür, dass dieses Buch in Ihrem Besitz ist!
Sie sind offensichtlich bereit, sich damit zu beschäftigen, wie Kinder und Jugendliche sinnvoll ans Thema Sexualität herangeführt werden können. Das freut mich sehr! Sie wollen es gut machen in der Sexualaufklärung und nichts verpassen. Das ist eine sehr gute Voraussetzung. Zu Ihrer Beruhigung: Die »Methode« ist dabei nicht so wichtig. Entscheidend ist Ihre eigene positive Haltung zum Thema und die gute, offene Beziehung zu Ihrem Kind. Dieses Buch soll Ihnen das Handwerkszeug mitgeben, das Thema auf eine Art und Weise anzugehen, die Kinder und Jugendliche in einer gesunden Entwicklung und Identität unterstützt.

EIN
FÜHRUNG
SEXUALERZIEHUNG IST
EINFACHER, ALS SIE DENKEN!

Beunruhigt Sie die Dauerpräsenz des Themas Sex in der Öffentlichkeit? Fühlen Sie sich unsicher, weil Sie vielleicht selbst keine hilfreiche Sexualerziehung erfahren haben? Oder möchten Sie es schlicht und einfach besser machen als gehabt? Dann ist dieser Aufklärungs-Ratgeber genau das Richtige für Sie! Inhaltlich ergänzt er sich perfekt mit dem Teenager-Buch »Sex. Alles, was dich interessiert!«. Im Teenager-Buch geht es um das Was. In diesem Buch um das Wie. Damit möchte ich meinen Teil dazu beitragen, dass Sie als Leserinnen und Leser, Eltern und Großeltern, Betreuungspersonen und Lehrpersonen, Jugendleiterinnen und Jugendleiter Ihre eigene Haltung zum Thema finden und ein gesundes Bild von Sexualität vermitteln können.

NUR MUT – AUFKLÄRUNG IST GAR NICHT SO SCHWER!

Es gibt wohl kaum ein Thema, das Eltern mehr stresst als Sexualität im Allgemeinen und Aufklärung im Besonderen. Die einen reagieren überbesorgt, die anderen ignorieren das Thema so lange wie möglich. Unsicherheit verspüren aber auch pädagogische und theologische Kräfte, wenn es ihnen an sexualpädagogischem Know-how fehlt und sie sich nicht in der Lage fühlen, über den persönlichen »Schamschatten« zu springen.

»Der Mensch wird auf natürlichem Weg hergestellt, doch empfindet er dies als unnatürlich und spricht nicht gern davon«, sagte Kurt Tucholsky und hat sich vielleicht nicht vorgestellt, dass dies hundert Jahre später immer noch so ist. Ob als Eltern oder Betreuungsperson – seien Sie sich bewusst: Sie dringt Ihnen aus allen Poren, die Angst, die Unsicherheit, die Sprachlosigkeit und die verkrampfte Rigidität. Kinder und Jugendliche haben für so etwas feinste Antennen! Sie lesen in Ihnen wie in einem offenen Buch!

Weshalb soll man Kinder überhaupt aufklären und das schon früh? Überfordert man sie damit nicht? Nein, das tut man nicht. Viel überfordernder ist es, wenn Kinder stattdessen die entsprechenden Informationen schon früh im Netz suchen und – unsortiert und ungefiltert – finden. Leben Sie mit Ihren Kindern in der christlichen Lebenswelt? Dann kommt erschwerend hinzu, dass in dieser die sexuelle Sozialisation und der gesamte Themenkomplex mit einem wenig hilfreichen Sündenkatalog überfrachtet ist. Dieser ist kirchengeschichtlich weit zurück verankert. Im Moment erlebt die konservative Sexualmoral mit ihrer latenten Körper- und Lustfeindlichkeit ein Revival in modernem Gewand. Aufgewärmt in Internet-Foren, durch YouTube-Predigten, InfluencerInnen und in Jugendbewegungen.

Aber: Sex muss raus aus der Sünden- und Schamecke. Dort, wo Wissenslücken sind und Menschen keine Worte für ihre eigene Geschlechtlichkeit haben, ist und bleibt Sexualität ein Tabu. Doch aus Verdrängung, Scham und Sprachlosigkeit kann nichts Schönes und Gutes erwachsen.

Sie können in Ihrer Familie, in der Gesellschaft und in der christlichen Lebenswelt so über Sex reden, dass Sie jungen Menschen gute Wertmaßstäbe an die Hand geben und ihnen eine positive Haltung zur Sexualität und ihrem Ausleben vermitteln. Setzen Sie dabei auf Herzensbildung. Kinder sollen wissen, dass Sex etwas Schönes ist, viel mehr als nur ein Mittel zur Fortpflanzung oder körperlichen Befriedigung. Die größte Nuss, die es in der Sexualaufklärung zu knacken gilt, ist es, nicht einfach nur Biologiewissen an die nächste Generation weiterzuvermitteln, sondern tatsächlich gesunde Freude an der Lust und freiheitliche Sexualität. Keine Angst, das bedeutet nicht, dass Sie Jugendliche zu wahllosem Sex ermutigen sollen. Und auch nicht, sie dazu zu animieren, sich ungehindert sexuell auszuprobieren und auszuleben. Es bedeutet, sie dazu anzuleiten, dass sie sich ganzheitlich entdecken und erleben: im Einklang mit sich selbst, als Einheit von Geist, Seele und Körper, im Bewusstsein, ein von Gott geschaffenes sexuelles Wesen zu sein – und selbstverständlich auch ein spirituelles. Wenn das gelingt, machen Sie der nächsten Generation ein Geschenk, dessen Wert kaum zu überschätzen ist. Sorgen wir gemeinsam für eine hilfreiche Aufklärung von Kindern und Jugendlichen! Ich versichere Ihnen, es ist einfacher, als Sie denken!

Ziel: Mündigkeit

Ich bin nicht nur Therapeutin, sondern auch Sozialpädagogin mit langjähriger Berufserfahrung. Das prägt meine Sicht davon, wie Menschen befähigt werden, selbst Verantwortung zu übernehmen. Ich bin fest davon überzeugt, dass Mündigkeit entsteht, wenn man jungen Menschen all das an die Hand gibt, was sie brauchen, um ihre eigene Haltung und Identität zu finden – und es ihnen dann zutraut, diese selbst zu finden. Geben Sie Ihren Kindern und Jugendlichen alles Gute mit auf den Weg, was Sie nur anzubieten haben. Liefern Sie ihnen nicht idealisierte Traumvorstellungen, sondern sinnvolles Wissen rund ums Thema Sexualität. Nur eine solche Aufklärung führt zu verantwortungsvollem Umgang mit der eigenen Sexualität.

Wissen befähigt Menschen, mutige Fragen zu stellen und zukünftige Probleme zu lösen.

Wir wollen unseren Kindern vermitteln, wie Sexualität sich entwickelt, wie sie gestaltet und als schön erlebt werden kann. Weder Moralisierung noch Pathos noch Seelenmassage sind gefragt, sondern im Grunde geht es um »Sinnlichkeitserziehung«. Die Vermittlung einer Kultur der Lust, auch der Lebenslust, gepaart mit Verantwortungsbewusstsein. Wie kann Lust definiert werden? Zum Beispiel mit Vorfreude auf das, was kommt, aus Erfahrung, die sich gut anfühlt und den Genuss von etwas beinhaltet wie Essen, Sex, Musik, Spiel. Als Bedürfnis oder Wunsch, etwas zu tun, zu haben oder zu verspüren und darin aktiv Befriedigung zu suchen.

Und noch ein wichtiger Grund für Sie, das Thema aktiv anzugehen: Für unaufgeklärte Jugendliche kann die Versuchung allzu groß werden, früh Sex zu haben. Denn sie möchten endlich wissen, wie das alles so ist, und wenn nicht darüber geredet wird, schreitet man eben zur Tat. Oder sie wollen Sex, weil er den Reiz des Verbotenen hat. Wo Tabus und Verbote vorherrschen, steigt zudem das Risiko von maßlosem Verhalten, weil man kein Gefühl dafür entwickeln konnte, was einem guttut. Jugendliche, die wenig Gelegenheit hatten, einen eigenen Standpunkt zum Thema Sex zu entwickeln, lassen sich auch viel eher fremdbestimmen.

Viele Jugendliche, die zu früh sexuell aktiv werden, tun dies aus einem einfachen Grund: Sie wollen gefallen. Das Selbstwertgefühl, die innere Stärke und die Bereitschaft, auch mal auf etwas zu warten oder zu verzichten, stehen in der Pubertät ohnehin auf wackligen Beinen und können durch den ersten Liebespartner oder Gleichaltrige sehr leicht ins Wanken gebracht werden. Wenn sie keine eigenständige, mündige Haltung zu ihrer Sexualität haben, fällt es ihnen schwer, Nein zu etwas zu sagen, was sie eigentlich gar nicht wollen – oder überhaupt zu wissen, was sie wollen und nicht wollen.

Ihre Aufgabe als Mutter und/oder Vater ist es, Ihren Kindern ohne moralischen Zeigefinger und ohne Angstmachen zu erklären, dass eine zu frühe sexuelle Bindung die Persönlichkeitsentwicklung hemmen kann. Dass sie dann übersehen können, wenn der andere überhaupt nicht zu ihnen passt. Dass dann jede Form von Sex zu früh kommt, weil er emotional und körperlich bindet. Dass zu früher Sex und zu frühe Bindung in der Persönlichkeitsentwicklung hemmen können und man nicht zu sich selbst findet.

Wenn es darum geht, jemanden zu finden, der zu einem passt, sollten die inneren Werte übereinstimmen. Aber woran kann man die erkennen? Ein verliebter Mensch neigt dazu, sich den anderen schön zu denken, bestimmte Dinge und Herzenshaltungen in ihn hinein zu wünschen. Wie kann man trotz Verliebtheit erkennen, wer der andere ist? Die inneren Werte eines Menschen sind in seinem Verhalten wiederzufinden. Problematische Verhaltensmuster sind oft schon früh in der Beziehung zu finden – wenn man sie denn wahrnehmen will. Machen Sie junge Menschen dafür sensibel, woran sie einen Menschen erkennen können, der ihnen vor allem guttut und nicht in erster Linie irgendwelche Idealvorstellungen erfüllt.

Jugendliche sollten ermutigt werden, erst ihren eigenen Körper kennenzulernen und sich selbst »zu bewohnen«, bevor sie – im Bild der Bibel gesprochen – jemanden »bei sich wohnen« lassen. Nicht zuletzt müssen Ihre Kinder die möglichen Konsequenzen ihrer Entscheidungen kennen, zum Beispiel, dass Sex zu einer Schwangerschaft führen kann.

Das alles ist eine grundsätzliche Anfrage an Sie als Vorbild. Viel wichtiger als die genauen Worte, die Sie sagen, ist Ihr Verhalten! Ihre Kinder und Jugendlichen verdienen es, dass Sie respektvoll mit ihnen umgehen, ihnen zuhören, erreichbar, nahbar, glaubwürdig und ermutigend zu ihnen sind. So bekommen sie einen Maßstab dafür, wie sie behandelt werden sollten. Auch in einer Liebesbeziehung. Wenn sie einen solchen Umgang miteinander gewohnt sind, werden junge Menschen nach einem Lieblingsmenschen Ausschau halten, der sie ebenfalls wertschätzt und ihnen zuhört und sie gut behandelt. Weil sie wissen, wie liebevoller Umgang aussieht.

Identität, Freiheit und Verantwortung

Unsere Kinder stark machen – das ist es, was wir als Eltern erreichen wollen. Wie? Darauf kommen wir noch. Doch grundsätzlich gilt: Innere Stärke wächst mit jeder Erfahrung von Gelingen. Und dazu zählen auch Erfahrungen vom Hinfallen und wieder Aufstehen. Kinder werden lebenstüchtig, wenn wir Zutrauen in ihr Potenzial haben, etwas zu erreichen und nach Fehlschlägen neu anzufangen – und in unser eigenes. Ist das ohne Angst und gelegentliche Bruchlandungen zu haben? Nein. Aber in jedem Menschen steckt ein großes Reservoir an Verantwortungsbereitschaft, Mut, Tatkraft, Innovation und Risikobereitschaft. Wir alle haben schon Erfahrungen und Kompetenzen entwickelt, um mit Schwierigkeiten und Ängsten umzugehen, und deshalb müssen wir uns weniger fürchten. Das wünsche ich uns wirklich: Eltern, Kinder, junge Menschen, Kirchenverantwortliche, Pädagoginnen und Pädagogen, die sich nicht (oder nur selten ☺) vor dem Thema Aufklärung fürchten, weil sie entsprechende Kompetenz entwickelt haben und zuversichtlich von gutem Gelingen ausgehen.

Erst die Freiheit, etwas zu tun, gibt uns die Freiheit, es zu lassen.

Viele kleine Facetten des täglichen Miteinanders durchdringen die Erziehung und doch sollten wir auch das große Ganze nicht aus dem Blick verlieren. Unser Ziel ist es, jungen Menschen dabei zu helfen, ihre eigene Identität zu finden. Das ist ein Entwicklungsprozess, der sich durch Kindheit und Jugendzeit bis ins junge Erwachsenenalter zieht. Identität bedeutet, dass man weiß, wer man ist und wie man in diese Gesellschaft passt.[1] Sie wird bestimmt durch Zugehörigkeit, aber auch durch Abgrenzung zu Gruppen, Gefügen und Ansichten. Jugendliche finden ihre Identität, indem sie sich immer mehr Wissen über sich selbst und über die Gesellschaft aneignen und zusammenfügen und in diesem Gefüge ihr Selbstbild formen. Eines, das für sie und die Gemeinschaft gut ist. Und ein Teil dieser Entwicklung ist es, die eigene sexuelle Identität zu entdecken und herauszubilden.

Die wesentliche Leistung, die Jugendliche erbringen müssen, ist es, ihre Identität zu entwickeln, um glückliche Erwachsene zu werden. Sie müssen ihre eigenen Werte finden und selbst die Richtung wählen, die sie in ihrem Leben einschlagen möchten. Um das zu tun, brauchen sie einerseits die positive Bindung an Menschen und Lebensmodelle, zu denen sie sich zugehörig fühlen können. Andererseits brauchen sie aber auch die Freiheit, sich in Eigenverantwortung ihr eigenes Bild zu formen.

Viele Erwachsene erleben es als Zwiespalt, ihren Kindern Werte und gute Grenzen zu vermitteln und sie gleichzeitig zu Freiheit und Eigenverantwortung anzuleiten. Man möchte die Heranwachsenden so gern beschützen und ihnen helfen, ihren Glauben und ihr Leben in gute Bahnen zu lenken. Gleichzeitig steht man vor der Aufgabe loszulassen, um die Entwicklung zur Eigenverantwortung nicht zu blockieren. Auch in christlichen Gemeinden ist die Anleitung der Jugendlichen zu moralischen und christlichen Werten oft eine Gratwanderung zwischen diesen beiden Seiten. Eine religiöse Gemeinschaft kann für die persönliche Entwicklung förderlich sein. Wenn sie aber nur Vorschriften macht und Freiheit und Eigenverantwortlichkeit stiefmütterlich behandelt, hindert sie junge Menschen daran, selbst denken zu lernen. Doch genau diese Fähigkeit ist ein Merkmal des Erwachsenseins. Nur wer selbst denkt, erlangt Lebenskompetenz. Nur zur Freiheit erzogene Menschen, die eigene Erfahrungen machen durften, können äußere Gesetze durch Einsicht zu ihren eigenen inneren machen.

Nur wer selbst denkt, erlangt Lebenskompetenz.

In den wichtigen Fragestellungen unserer Zeit tun wir gut daran, nicht nur aufgrund unseres persönlichen Bibelverständnisses zu urteilen, sondern auch humanwissenschaftliche Erkenntnisse und soziokulturelle Strukturen zu berücksichtigen. Erziehung und Sexualerziehung sind beispielsweise sehr gut erforscht.[2] Man kann heute wissen, was Kinder und Jugendliche brauchen, um in eine sinnerfüllte, verantwortungsvolle und eigenständige Lebensführung hineinzuwachsen. Ganz im Sinne der Freiheit, zu der Christus uns befreit (Galater 5,1). Die Familie und die christliche Lebenswelt sollten die sichere Basis darstellen, von der aus sich junge Menschen in die weite Welt hinausbewegen können. Von dieser Basis aus sollten sie möglichst umfassende Informationen und Unterstützung erhalten, um sich ihre eigene Meinung zu bilden. Dann können sie sich ihre eigene Identität erarbeiten und trotzdem eine gute, positive Bindung zu ihren Eltern und der christlichen Gemeinschaft halten.

Laut Umfragen[3] ist die Sehnsucht junger Menschen nach einer Paarbeziehung und auch der Wunsch nach sexueller Treue ungebrochen. Unter diesen Voraussetzungen können Sie Jugendlichen und jungen Erwachsenen ruhig ganz viel Eigenverantwortung zutrauen!

Freude an sexuellem Lustempfinden mit auf den Weg geben

Eltern und Vorbilder haben die Aufgabe, Kindern und Jugendlichen Freude an ihrem Körper zu vermitteln. Der Körper ist die Form unserer irdischen Existenz. Die einzige, die wir haben. Wir sind unser Körper. Und dieser Körper ist nicht nur wunderbar gemacht, sondern auch ein schöpferisches Instrument, eines, das uns selbst und anderen Freude bereiten kann, ganz besonders in der Sexualität. Unser individueller Sinn für Erotik ist nicht angeboren. Angeboren sind nur das Geschlecht und die körperlichen Funktionen der sexuellen Erregung. Gott hat uns Menschen so geschaffen, dass wir uns vieles aneignen können und müssen. Was ein Mensch erotisch findet und wie er oder sie Sexualität lebt und genießt, wird auch davon bestimmt, was Kinder von klein auf selbst erfahren und erlernen, was sie üben können oder eben nicht. Der ganze körperliche Erfahrungsschatz ist angelernt und stellt zukünftiges »erotisches Kapital« dar, das für sich selbst oder in der Paarbeziehung genossen werden kann.

Aus der Entwicklungspsychologie wissen wir, dass sich Kinder durch die Auseinandersetzung mit der Außenwelt entwickeln und dadurch ein Bild von sich selbst gewinnen – und das beginnt schon im Mutterleib. Deshalb müssen Kinder ihrem Entdecker- und Forscherdrang nachgehen können. Es stärkt ihre Persönlichkeitsentwicklung, wenn sie sich selbst als Forschende erleben und feststellen, dass die Welt gestaltbar und veränderbar ist. Deshalb ist es wichtig, schon kleinsten Kindern möglichst vielfältige Erfahrungen zu ermöglichen und sie in ihrer Neugier zu bestärken. Schon ab der Geburt bringen Kinder das Potenzial mit, um lustvoll mit herausfordernden Situationen umzugehen und ihre eigenen Möglichkeiten der Selbstwirksamkeit zu entdecken. Und die Sexualität ist davon selbstverständlich nicht ausgenommen.

Kinder möchten fragen dürfen und nicht mit Belehrungen, Ratschlägen und Bewertungen eingedeckt werden. Als Eltern ist es Ihre Aufgabe, sie aufmerksam zu begleiten, zu ermutigen und immer wieder zum Ausprobieren einzuladen, egal, um welche Lebensfähigkeiten es sich handelt. In unserem Fall ist es eben erotische Kompetenz, die sich auf dieselbe Weise entwickelt. Interessanterweise zeigt die Entwicklungspsychologie, dass Kinder Neues am besten annehmen, wenn sich die Erwachsenen selbst ebenfalls immer wieder als Lernende begreifen und bereit sind, sich mit den Kindern weiterzuentwickeln.

Die Glaubenssysteme, Ideologien, Werturteile und Denkweisen, die wir jungen Menschen vermitteln, prägen sich in ihrem Gehirn nachhaltig ein. Sie beeinflussen, wie ein Jugendlicher oder eine Jugendliche den eigenen Körper, die eigene Sexualität, die damit verbundenen Gefühle und Wünsche beurteilt und wahrnimmt, und bestimmen, welche Erfahrungen gemacht und zugelassen werden können. Daher fragen Sie sich selbst: Sind Sie in der Lage, jungen Menschen Lust an der Lust mit auf ihren Lebensweg zu geben? Haben Sie selbst Freude an Ihrer Sexualität? Oder macht Ihnen körperliches Begehren Angst? Paulus jedenfalls konnte sich nicht vorstellen, dass man seinen Körper verabscheut oder Angst vor ihm hat. »Niemand hasst doch seinen eigenen Körper. Vielmehr hegt und pflegt er ihn« (Epheser 5,29; Hfa).

Die große Frage ist doch: Wie sollen junge Menschen jemals guten Sex haben, wenn sie keine gute Beziehung zu ihrem Körper und zu sich selbst haben? Viele junge Christen verbringen immer noch Jahre damit, ihren Sexualtrieb in Schach zu halten, und opfern dabei die Entfaltung ihres Lustempfindens. Oder aber sie werfen mit schlechtem Gewissen die vermeintlich »christlichen« Richtlinien über Bord, finden aber trotzdem nicht zu einer positiven Körperlichkeit, weil Schuldgefühle und negative Prägung sie belasten. Wir erweisen unseren Teenagern zu Hause und in der Kirche keinen guten Dienst, wenn wir das Thema Sex weiterhin tabuisieren oder problematisieren. Wir sollten den jungen Menschen stattdessen etwas mit auf den Weg geben, was ihnen wirklich hilft: ein positives Bild von Sex und Lust, gute Leitlinien, an denen sie sich orientieren können, jede Menge Wissen und nicht zuletzt einen gesunden und humorvoll-realistischen Blick auf das Thema.

Wie sollen junge Menschen guten Sex haben, wenn sie keine gute Beziehung zu ihrem Körper haben?

Weg vom Problemdenken

Die christliche Lebenswelt, aber durchaus auch Medien und Gesellschaft, treten häufig die problematischen Seiten von Sexualität breit und lassen allzu oft die schöne und warme Seite aus der Gleichung heraus. Die ist aber eigentlich die weitaus größere und wichtigere Seite! Sex ist etwas Großartiges, mit dem wir uns nicht gegenseitig unter Druck setzen und verunsichern sollten. Je unverkrampfter wir das Thema behandeln, desto besser. Dafür braucht es die richtige innere Haltung, aber auch die richtigen Worte.

Nachdem ich selbst acht Kinder großgezogen, Hunderte Eltern beraten und viele Pädagoginnen und Pädagogen gecoacht habe, bin ich zum Schluss gekommen: Der einzige Weg, einen positiven, gesunden Zugang zur eigenen Sexualität authentisch an die nächste Generation weiterzugeben, führt über die Auseinandersetzung mit dem eigenen Körper und über Wissen. Erst wenn man die Fakten kennt, kann man unverkrampft und offen über alles sprechen. Ansonsten bleibt Sexualität immer etwas Abstraktes, nicht ins eigene Selbstgefühl Integriertes. Kinder nehmen unbewusst die negative oder positive Haltung ihrer Bezugspersonen zur Sexualität auf. Sie spüren, ob sie Fragen stellen können oder ob ihre Eltern bei dem Thema eher sprachlos sind.

Machen Sie sich keine Illusionen: Etwa ab dem vierten Lebensjahr verfügen Kinder über eine genaue Vorstellung davon, wie Sie als Eltern ticken. Ab etwa elf Jahren begreifen Kinder komplexe soziale Interaktionen und sind in ihren kognitiven Fähigkeiten Erwachsenen gleichgestellt. Sie registrieren die sexuellen und moralischen Beweggründe der Erwachsenen. Sie merken, ob diese mehr an Moral und Regeln interessiert sind als an ihnen als Person und ihrer freiheitlichen Entwicklung. Daher ist es wichtig, dass Sie selbst Ihre Scheu vor der Sexualität überwinden und sich kompetent machen, denn dann sind Sie in der Lage, Ihre Kinder kompetent zu machen.

Kinder nehmen unbewusst die Haltung ihrer Bezugspersonen zur Sexualität auf.

Es braucht eine veränderte Sichtweise bei uns selbst – weg vom Problemdenken hin zur Wissensvermittlung und zur Lustbejahung. Auch heute erfolgt Aufklärung in der Regel immer noch zu spät. In diesem Zusammenhang begegnet mir immer wieder die Befürchtung, dass durch (zu) frühe Wissensvermittlung über Sex eine Frühsexualisierung stattfindet. Das Gegenteil ist der Fall. Aufklärung über Sexualität und Lust hat nichts mit Übersexualisierung oder Frühsexualisierung zu tun. Es bedeutet lediglich: Sie begleiten Ihre Kinder in deren natürlicher Entwicklung. Sie nehmen ihre Fragen auf und geben ihnen dabei gleichzeitig Wegweisung. Wissen übersexualisiert nicht, sondern im Gegenteil, es ist gerade Unwissenheit, die unguten Einflüssen Tür und Tor öffnet und zu verfrühten sexuellen Begegnungen führt. Denn wenn Kinder und Jugendliche keine Anleitung bekommen, wie sie mit ihren Bedürfnissen und den Einflüssen der Medien und der Gesellschaft umgehen können, bleibt ihnen wenig anderes übrig, als herumzuexperimentieren.

Heranwachsende und auch erwachsene Menschen betrachten sich gegenseitig immer durch die Brille der Sexualität. Ein verantwortungsvoller Umgang mit Gesundheit, Sexualität und Fruchtbarkeit kann nur dann gelingen, wenn Menschen ihren Körper kennen und ihm Achtung und Wertschätzung entgegenbringen. Wenn junge Menschen über den Körper Bescheid wissen, hat das großen Einfluss auf ihr Selbstwert- und Lebensgefühl. Umgekehrt ist ein entscheidender Grund, weshalb viele Jugendliche heutzutage schon früh Sex haben, oft gar nicht sexuelles Begehren, sondern mangelndes Selbstwertgefühl. Jungs wollen sich über die Sexualität eher beweisen. Mädchen suchen mehrheitlich eher Nähe, wollen gehalten werden und suchen die Bestätigung, dass sie liebenswert und begehrenswert sind.

Dass Jugendliche Sex als Mittel zum Zweck einsetzen, hat auch damit zu tun, dass sie oft noch keine Vorstellung von der Ganzheit von Geist und Körper und deren Funktion haben. Deshalb müssen sie erfahren, dass es gut für sie ist, die eigene Sexualität erst einmal selbst zu genießen. Ermutigen Sie Teenager, ihren Körper ohne Schuldgefühle kennenzulernen, gerade junge Frauen. Nach wie vor befriedigen sich Mädchen und junge Frauen deutlich weniger als Jungs und junge

Männer. Und deshalb sind es auch viel mehr Frauen, die keinen Orgasmus erleben können. Noch viel zu viele Frauen haben viel zu wenig Lust an ihrer Sexualität. Doch das müsste so nicht sein. Eine Ursache ist, dass männliche Sexualität gesellschaftlich viel akzeptierter ist als weibliche.

Die Realität zeigt in Sachen lustvoller Akzeptanz des eigenen Körpers leider riesige Unterschiede zwischen Jungs und Mädchen. Jungs haben (schon rein anatomisch) einen einfacheren Zugang zu ihrer Sexualität. Sie kommen mit der Hand am Penis zur Welt und lassen ihn nie mehr los. Sozusagen von der Wiege bis zur Bahre sind sie mit ihrem Geschlechtsteil in einer vertrauten Beziehung. Jungs erfahren, dass sich der Penis ständig verändert und auch ein Eigenleben führt. Sie können spüren und sehen, wie der Penis sich mit Blut füllt, aufsteht und wieder weich wird. Für Mädchen ist das total anders. Sie können ihre Erregung und die Bewegungen der Klitoris nicht sehen und deshalb auch viel weniger wahrnehmen. Sie werden auch eher davon abgehalten, sich selbst zu berühren.

Wir sollten nicht ignorieren, dass der Mensch so geschaffen ist, dass er sich alles durch Lernschritte langsam aneignet. Diese Lernfelder sind in uns angelegt und werden durch Hormone gesteuert. Über diese spannenden Zusammenhänge finden Sie mehr im Parallelbuch »Sex. Alles, was dich interessiert«[4]. Selbstberührungen sind Teil der Beziehung zu sich selbst. Sie sind ein »Sich-Ausprobieren« und eigene Lust erleben. In zweiter Linie sind sie eine sinnvolle Hinführung auf eine zukünftige sexuelle Partnerschaft.

Selbstliebe ist also nicht »eine zutiefst ungeordnete Handlung«, wie es viele religiös erzogene Menschen vermittelt bekommen haben und die katholische Kirche immer noch behauptet. Diese »Liebesbeziehung mit sich selbst« gehört zur sexuellen Entwicklung unbestritten dazu. Durch Berührungen lernt man seinen Körper kennen und entwickelt ein Bewusstsein dafür, dass der Körper zum Selbst gehört.

Man findet heraus, welche Berührungen man mag, was einem gefällt und was nicht. Selbstbefriedigung ist Selbsterfahrung, und sie ist ein Teil der Selbstliebe. Die Welt der eigenen Sexualität öffnet sich. Man lernt sie wertzuschätzen, und nur, was man selbst schätzt und begehrt, kann zum wertvollen Geschenk für einen Lieblingsmenschen werden. Selbstliebe kann ein ganzes Leben andauern und für Menschen jeden Alters ein bedeutungsvolles Thema sein. Kinder, Jugendliche und wir selbst lernen so Zärtlichkeit. Zärtlichkeit lernen ist die leichtere Vorstufe zur höheren Kunst der Sexualität.

1 SEXUALERZIEHUNG – EIN ASPEKT VON ERZIEHUNG

Sexualerziehung ist nicht schwer, wenn sie auf einer positiven, vertrauensvollen Beziehungs- und Erziehungsgrundhaltung beruht. Idealerweise geschieht sie in einem fortlaufenden Prozess, natürlich im Alltag eingebunden. Kinder lernen durch Beobachten und Nachahmen und Fragen und Antworten. Sind mehrere Geschwister da, stehen diese nie an demselben Punkt der Entwicklung. Das macht gar nichts. Die Informationen kommen und gehen, fast wie auf einem Förderband. Das Kind wählt aus und nimmt jeweils das mit, was es interessiert. Informationen, die zu früh kommen, ignorieren Kinder einfach und schenken ihnen keine Beachtung.

Aufklärung geschieht permanent, auch durch nicht sexuelle Eindrücke. Sie als Eltern leben Ihren Kindern ständig vor, wie Sie mit Gefühlen umgehen, wie sich Beziehungen zwischen Erwachsenen und zwischen Erwachsenen und Kindern (auch körperlich) gestalten, worüber gelacht wird, worüber man sich freut und vieles mehr. Kinder beobachten den Umgang der Geschlechter miteinander in ihrer Umgebung. Sie machen aber auch Erfahrungen mit Geschwistern, mit Freundinnen und Freunden, mit sich selbst, mit ihrer Lust, mit körperlichen Spielen. Sie sehen Bilder in Büchern, Fotos, Filme.

Die Verlegenheit der stummen Väter

Liebe Väter, ihr werdet dringend gebraucht in der Sexualaufklärung eurer Kinder! Leider fehlen Väter auch heute noch oft gänzlich bei diesem Thema. Fachleute sind darüber ernüchtert, dass heutige Eltern die Sexualaufklärung mehr oder weniger genauso handhaben wie ihre eigenen Eltern. Trotz guten Willens falle es vor allem den Vätern oft schwer, mit ihren Kindern offen und unverkrampft über Sexualität zu sprechen. Insbesondere wenn es um Intimität und Beziehungen gehe. Damit würden auch problematische Rollenbilder weitergegeben, nämlich, dass Frauen offener über ihre Gefühle sprechen würden als Männer. Das sei aber keine Frage des Geschlechts, das müsse man lernen und üben. Amen, kann ich dazu nur sagen!

Der Verein Sexuelle Gesundheit Schweiz sowie die Hochschulen Luzern und Genf wollten genau wissen, wie sich die Sache mit den Vätern und der Aufklärung verhält. Sie führten hundert ausführliche Interviews mit Jugendlichen und Eltern. Und kamen zu ähnlichen Ergebnissen wie eine Studie der Universitätsspitäler Lausanne und Zürich von 2018, an der 7142 junge Menschen zwischen 24 und 26 Jahren teilnahmen.[5] Davon gab eine Mehrheit an, in ihrer Kindheit und Jugend hauptsächlich mit Freunden (37 Prozent) über Sexualität gesprochen zu haben. An zweiter Stelle folgten die Mütter (22,4 Prozent). Die Väter (3,7 Prozent) landeten abgeschlagen auf einem der hintersten Ränge. Gemeinsam ist den befragten Männern der Studien übrigens, dass ihr eigener Vater sie ebenfalls nicht aufgeklärt hatte oder kläglich bei dem Versuch scheiterte, weil es total verkrampft und einfach nur peinlich war.

Väter fehlen bei der Sexualaufklärung ihrer Kinder fast gänzlich.

Nicht nur Töchter-Väter sehen sich offenbar nicht in der Verantwortung zur Aufklärung, sondern auch Söhne-Väter drücken sich. Dabei wäre die männliche Sicht auf Sexualität wichtig, sowohl für Mädchen wie Jungen. Zwar bemühen sich immer mehr Väter, es gut zu machen und glücklicherweise hat sich die Vater-Kind-Beziehung in den letzten 40 Jahren insgesamt stark zum Positiven verändert. Männer sind heute mehr involviert im Familienleben, die meisten suchen eine liebevolle Beziehung zu ihren Kindern und wollen an deren Entwicklung teilhaben. Doch je intimer es wird, umso größer ist immer noch das Schweigen, wie die Lausanner Sex-Studie zeigt.

Ein Drittel der Befragten hat angegeben, dass in ihrer Aufklärung weder über Klischeevorstellungen noch über Sexualpraktiken gesprochen wurde. Nicht darüber, was in den Medien und in Pornos dargestellt wird: Geschlechtsverkehr in alle Körperöffnungen, mit mehreren Menschen gleichzeitig, Männer, die dauernd können, und Frauen, die immer wollen, gewaltvoller Sex. Aber auch nicht über Erektionen, Lust, Verhütung.

Es geht um biologische Aufklärung, um Risiken, um Liebesgefühle, aber auch um Geschlechtsidentität und um die Gleichberechtigung von Männern und Frauen im Bett. Es werden (unbeabsichtigt) überholte Rollenbilder weitergegeben, etwa, dass Frauen offener über ihre Gefühle sprechen als Männer. Was aber keine Frage des Geschlechts ist, sondern davon bestimmt wird, ob man es gelernt und geübt hat. Väterliche Präsenz wäre gerade in Anbetracht des zunehmend sexualisierten Social-Media- und Pornokonsums von Jugendlichen wichtig. Es braucht ein Gesprächsgegenüber, das den völlig verzerrten Realitätsvorstellungen der Porno- und »Gefallwelt« etwas Positives entgegensetzen kann. Auch die Themen Gewalt in der Sexualität und überhaupt Gewalt haben Redebedarf. Väter hätten die wichtige Aufgabe, entsprechende Bilder in den Köpfen ihrer Söhne und Töchter zurechtzurücken.

Rollenvorbilder

Das Rollenverständnis von Kindern wird vielfältiger, wenn Mutter *und* Vater mit ihnen über Gefühle sprechen, ihnen Zärtlichkeit geben und sich an der Körperpflege und beim Anziehen beteiligen. Sie haben als Vater und Mutter jeweils Ihren eigenen Stil, wie Sie väterliche und mütterliche Liebe ausdrücken und wie Sie Ihre Kinder in ihrer Entwicklung begleiten. Kinder lernen an realen Personen, was es heißt, weiblich oder männlich zu sein, und deshalb ist es hilfreich, wenn sie von beiden Geschlechtern im direkten Umgang Weiblichkeit und Männlichkeit erfahren. Es ist für die Entwicklung daher einschränkend, wenn Fühlen und Verhalten und andere Aspekte des Menschseins nur einem Geschlecht zugeschrieben und zugestanden werden.

Machen Sie sich besonders als Vater bewusst, wie wichtig Sie als anwesendes, erreichbares Gegenüber für sich entwickelnde Kinder beiderlei Geschlechts sind. Als Vorbild, Gesprächspartner und liebevolle Bezugsperson! Wichtiger als die reine Zeit, die Sie mit Ihren Kindern verbringen, ist, dass Sie emotional erreichbar sind, wenn Sie denn da sind. Auch als vollzeitberufstätiger Vater können Sie engagiert und involviert sein. Seien Sie kein Zaungast, sondern aktiv an der Erziehung Beteiligter. Es ist für Töchter und Söhne wichtig und für Sie selbst als Vater eine große Chance, wenn Sie eine eigenständige Beziehung zu Ihren Kindern leben, die sich von der zwischen Mutter und Kind unterscheidet. Ein guter Vater ist keine »männliche Mama« – auch wenn Sie beide natürlich inhaltlich an einem Strang ziehen.

Als Mutter braucht es die Bereitschaft, Ihrem Partner-Papa zu Hause Autonomie zuzugestehen und Zuständigkeiten zu teilen. Erkennen Sie seinen Beitrag zum Familienleben an, der andere Facetten einbringt. Oftmals beteiligen sich Väter deswegen nicht, weil Mütter (bewusst oder unbewusst) die Männer nicht aktiv an Erziehungsfragen beteiligen oder sogar heraushalten. Sie brauchen als Eltern auch nicht zwingend in allen Bereichen der Erziehung total übereinzustimmen. Und ebenso wenig muss alles perfekt sein. Hinreichend gut genügt vollauf. Kinder können problemlos zwischen »Mamastyle« und »Papastyle« unterscheiden und damit umgehen, auch bei der Sexualerziehung.

BUCHTIPPS

→ Margrit Stamm: **Neue Väter brauchen neue Mütter. Warum Familie nur gemeinsam gelingt** (Piper 2018)

→ Nils Pickert: **Lebenskompliz*innen. Liebe auf Augenhöhe** (Beltz 2022)

→ Patricia Cammarata: **Raus aus der Mental-Load-Falle. Wie gerechte Arbeitsteilung in der Familie gelingt** (Argon 2020)

Jungs begleiten vom Frauenland ins Männerland

Viele Männer und Väter, vor allem junge, sind heute verunsichert. Weil alles im Wandel ist. Das liegt nicht nur an den erstarkten Frauen oder an den gesellschaftlichen Geschlechterherausforderungen, sondern eher daran, dass Männer allzu lange keine Notwendigkeit sahen, auf gesellschaftliche Veränderungen zu reagieren, die mit der Entwicklung der Frau einhergehen. Zum Beispiel, indem sie sich ebenfalls mit sich selbst auseinandersetzen. Doch genau das sollten sie tun, um für Jungs auf deren Weg vom »Frauenland« ins »Männerland« zu Vorbildern zu werden. Denn Jungs werden ins Frauenland hineingeboren. Ob sie wollen oder nicht. Sie wachsen in einer Frau heran und werden von ihr geboren und oftmals auch genährt. Im Laufe ihrer Entwicklung sollten sie das Frauenland aber Stück für Stück verlassen und sich aufmachen ins Männerland. Dafür brauchen sie hilfreiche Vorbilder, und deshalb sind männliche Gefährten und Begleiter besonders wichtig.

Das Männerland ist nicht gleichzusetzen mit Imponiergehabe, Machotum und aggressivem und drohendem Verhalten. Im Gegenteil: Dieses Benehmen spricht gerade dafür, dass man das Frauenland nicht verlassen hat. Weshalb man dann heftig gegen alles »Weibische« opponieren muss. Damit gekoppelt ist meist auch eine starke Abneigung gegen Homosexualität und »Genderquatsch« und ein betont »cooles« Verhalten gegenüber anderen Männern. Doch genau dort, wo Männer untereinander und zueinander nicht warm und herzlich sein können, entsteht und gedeiht ungesunde, falsch verstandene Maskulinität.

Eine liebevolle, zärtliche Vater-Sohn-Beziehung oder Männerfreundschaft begleitet Jungs dagegen auf eine hilfreiche Art ins gesunde Männerland. Und das ist kein bisschen unmännlich. David und Jonathan in der Bibel lebten so eine Freundschaft. Einige Bibelausleger gehen heute davon aus, dass die zwei Männer eine homosexuelle Beziehung hatten. Könnte sein. Wir wissen es nicht. Doch vielleicht können wir uns auch schlicht und einfach nicht vorstellen, dass es innige Männerfreundschaften gibt? Ganz sicher war es eine starke, liebevolle und von tiefem Vertrauen geprägte Beziehung. Solche Beziehungen können gleichzeitig kraftvoll, ausgelassen und voller gemeinsam erlebter Abenteuer sein. Aber respektvoll und nicht hart. Freundlich und nicht kalt. Im gesunden Männerland schlagen Hände nicht zu, sondern umarmen, halten, tragen und streicheln. Da wird nicht aufgetrumpft und geprahlt, sondern es finden ehrliche und offene Gespräche statt.

Es ist fatal für Männer, dass sie so lange cool sein müssen, bis sie in all ihren Schulterklopfern, »Bro«-Umarmungen und »No Homo!«-Sprüchen erfrieren.

Nils Pickert, Journalist, Autor von »Prinzessinnenjungs«

Für zukünftige gute Beziehungen auf Augenhöhe müssen Jungs und Mädchen ihre jeweils eigene Stärke entwickeln. Das bedeutet nicht, dass Jungs und Männer so sein sollen wie Mädchen und Frauen. Gleichwertig, aber unterschiedlich zu sein, ist die entscheidende Voraussetzung für ein gutes Miteinander, in Beziehungen wie in der Sexualität. Deshalb – Väter, zeigt euren Jungs, dass Männer sich in einer gesunden Gesellschaft gegenseitig halten und lieben dürfen. Zeigt euch verletzlich, gebt Fehler zu und entschuldigt euch. Redet darüber, wie es euch geht und was euch beschäftigt. Zeigt eure Unsicherheit, Angst, Wut, Trauer, Liebe, Glück und Freude. Lebt innige Männerfreundschaften.

BUCHTIPP

→ Ein wichtiges Buch für die Emanzipation des Mannes ist **»Sei kein Mann«** von JJ Bola (hanserblau 2020). Ein nicht so griffiger deutscher Titel mit sehr gutem Inhalt. Der englische Titel lautet »Mask off«. Das bringt ziemlich auf den Punkt, was für Männer dran ist.

Familiäre sexuelle Prägung

Sexualerziehung in der Familie hat viel mit der eigenen sexuellen Geschichte zu tun. Diese prägt Erfahrungen und Tabus: worüber man spricht, wo man sich nicht anfasst, was sich nicht gehört, was als unanständig gilt. Und so geben Mütter und Väter entsprechende Botschaften an die Kinder weiter. Nicht weil sie diese zwingend gut finden, sondern weil sie oft nicht reflektiert sind. Ich will Ihnen Mut machen: Bleiben Sie nicht bei Ihren bewussten oder unbewussten Prägungen stehen, sondern sehen Sie sie an und entwickeln Sie sie (und sich) weiter. Damit tun Sie nicht nur Ihren Kindern etwas Gutes fürs Leben, sondern auch sich selbst.

Der erste Schritt, die eigenen Grenzen zu erweitern, ist oft, die eigenen Grenzen zu erkennen (z. B.: »Das fällt mir schwer …«). Der zweite ist, Gespräche als (Liebes-)Paar zu führen. Sich gegenseitig mitzuteilen, wie die eigenen Erfahrungen sind, was Mühe bereitet, wo man sich schämt, was man gerne überwinden würde. Verabschieden Sie sich dabei von unrealistischen Idealen – gerade beim Thema Sexualität gibt es nicht die eine richtige Haltung. Es gibt nur eine Vielzahl von Erfahrungen, Vorlieben, Prägungen und Hemmnissen. Gönnen Sie sich ein Ja zur Fehlbarkeit, sowohl in der Paarbeziehung als auch in der Beziehung zu Ihren Kindern. Geduld und Wohlwollen gegenüber sich selbst, gegenüber Ihrem Lieblingsmenschen und gegenüber Ihren Kindern sind die besten Ratgeber. Wenn Sie als Eltern sich gegenseitig unterstützende Lebenskomplizen sind, ist das Wichtigste schon erreicht.

GÖNNEN SIE SICH EIN JA ZUR FEHLBARKEIT, AUCH IN DER BEZIEHUNG ZU IHREN KINDERN.

Das nächste gute Ziel ist, mit Ihren Kindern über das Thema Sexualität zu sprechen. Respektvoll, Ihre eigene und die Intimsphäre Ihrer Kinder wahrend. Das geht! Es braucht keine übertriebene Freizügigkeit, denn Kinder sollen nicht nur aufgeklärt werden, sondern auch natürliche Schamgrenzen erkennen und respektieren lernen. Alles, was Sie tun und vorleben, sollte mit Ihrem Gefühl und Ihrem Verstand übereinstimmen.

Einige Beispiele, wie das aussehen könnte: Sie können Ihrem neugierigen Kind selbstverständlich erklären, dass Sie jetzt gerade gern allein auf die Toilette gehen möchten, auch wenn es sich gerade brennend für allerlei Ausscheidungsvorgänge interessiert. Und irgendwann im Laufe der Entwicklung will auch das Kind dabei ungestört sein und schließt die Tür zum Bad – und später zum Schlafzimmer. Sie brauchen Ihrem Kind nicht zu sagen, was genau Sie als Paar beim Sex praktizieren, falls entsprechende Fragen auftauchen. Eine einfache Erklärung genügt: »Ja, Mama und Papa haben miteinander Sex.« Sagen Sie, dass das Wie aber zur intimen Privatsphäre gehört. Eine praktische Übung in der neutralen Wissensvermittlung.

IST SEXUELLE AUFKLÄRUNG GLÜCKSSACHE?

Eltern schweigen beim Thema Sex oft aus Unsicherheit und Überforderung. Trotzdem ist es den meisten Eltern nicht egal, ob oder wie die Kinder aufgeklärt werden. Aber wer über Sex reden will, ist eben gezwungen, zuerst seine eigene Haltung zu reflektieren. Und die eigene Sexualität bleibt ein sehr persönliches Thema. Sie müssen sich als Eltern also zuerst bewusst machen, was Sie selbst für gut und richtig halten und was nicht – sonst finden Sie auch die Worte dafür nicht. Sex ist nur auf den ersten Blick eine Handlung, Sex hat vor allem mit Gefühlen zu tun. Und nur wenn Sie als Einzelperson und als Paar frei sind, darüber zu sprechen, können Sie dies auch Ihren Kindern vermitteln.

Sind Sie sich selbst nicht so ganz sicher, was Sie im Hinblick auf Ihre Sexualität denken und fühlen? Dann empfehle ich Ihnen die beiden Bücher »Liebeslust« und »Alltagslust«. Die Bücher bieten Anregungen und Hilfen, wie Sie falsche Scham und Tabus aufbrechen können. Sie können sich für Ihr eigenes Sexleben inspirieren lassen und gleichzeitig fit für die Aufklärung Ihrer Kinder werden.

Ein Wort zur Scham

Die Schamentwicklung in der Kindheit ist ein prägender Vorgang. Dabei ist es wichtig, zwischen gesunder und falscher Scham zu unterscheiden. Wie gut ist es Ihren eigenen Eltern gelungen, Sie in diesem Prozess hilfreich zu unterstützen? Leiden Sie unter falschen Schamgefühlen, und hindern diese Sie, Sexualität unverkrampft zu leben und dann auch zu vermitteln? Dann ist dieser Abschnitt auch für Sie.

Das Schamgefühl ist in erster Linie ein gesundes, positives Gefühl. Zudem ist Scham ein wichtiges Regulativ für das gesellschaftliche Zusammenleben. Sie hilft dabei, zwischen Gut und Böse zu unterscheiden und Grenzen zu respektieren. Man kann die gesunde Scham auch Gewissen nennen und sie als hilfreichen Lernimpuls verstehen. Die allermeisten Menschen empfinden Scham, wenn sie etwas mutwillig zerstören, lügen, stehlen oder Müll auf die Straße werfen.

Die Entwicklung des Schamempfindens ist automatisch in uns angelegt und nicht nur an moralisches Verhalten geknüpft, sondern auch an die sexuelle Entwicklung, insbesondere an die Nacktheit. Selbst Kinder, die in einer körperlich freizügigen Kultur (FKK oder indigene Kulturen) aufwachsen, entwickeln Körperscham. Ob Eltern freizügig oder weniger freizügig sind, spielt für das Einsetzen der Körperscham also keine Rolle. Scham ist universell, wenn auch jede Kultur ihre eigenen Schamgrenzen hat.

Irgendwo im dritten und vierten Lebensjahr bildet sich das Schambewusstsein aus, was sich an bestimmten Verhaltensweisen beobachten lässt. Geht ein Kind in den ersten Lebensjahren noch völlig frei mit Nacktsein und Ausscheidungen um, möchte es sich mit der Zeit an bestimmten Körperstellen nicht mehr berühren lassen und zieht sich zurück, wenn es in die Windel gemacht hat. Es wird wählerisch damit, wer ihm noch den Po abwischen darf, vor wem es sich auszieht, von wem es sich umarmen lassen will und wem es einen Kuss geben will. Das geschieht, weil es ein natürliches Bedürfnis nach Abgrenzung entwickelt.

Um sich zu schämen, muss das Kind zuerst erkennen, dass sich andere Personen ein Urteil über sein Verhalten bilden – sogenannte Schamzeugen. Erst aufgrund der Reaktionen der anderen verknüpfen Kinder Regelverstöße mit Schamgefühlen. Wenn Eltern zum Beispiel die Berührung von Kot mit »Bah!« kommentieren oder Nacktheit missbilligen, spüren sie, dass sie »etwas falsch gemacht« haben.

Vor sich selbst schämt sich das Kind in der Regel erst im Grundschulalter. Sich zu schämen, müssen Kinder erst erlernen. Sie können weder wissen, was sie dürfen oder nicht dürfen, noch, was für andere peinlich ist, wenn sie es von ihren Eltern nicht vorgelebt bekommen. Je freizügiger die Eltern sind, desto weniger schämen sich deren Kinder und umgekehrt. Gesundes Schamempfinden hat mit dem Wissen zu tun, wo meine Grenzen und diejenigen des anderen sind. Zum Beispiel, indem Eltern vermitteln, dass der Nachwuchs in ihrem Liebesleben nichts zu suchen hat, dass die Genitalien der Kinder nicht mehr berührt werden, sobald diese in der Lage sind, sich selbst zu pflegen. Dass in der Öffentlichkeit Geschlechtsorgane und Brüste bedeckt werden. Dass Intimpflege in die Abgeschiedenheit des Bades gehört. Deshalb ist Scham nicht per se schlecht, wie man meinen könnte. Schamgefühle garantieren, dass man die Grenzen anderer respektiert (Fremdscham), und helfen den Einzelnen, sich anderen gegenüber abzugrenzen (Selbstscham). Ohne sie würde uns sogar ein wichtiges Sensorium fehlen. Vielleicht kann man es so ausdrücken: Scham hemmt uns in gesundem Maße.

Gesundes Schamempfinden hat mit dem Wissen zu tun, wo meine Grenzen und die des anderen sind.

Es ist daher gut, wenn die Sexualaufklärung ein altersangemessenes Schamgefühl vermittelt beziehungsweise respektiert. So gesehen beugt die Körperscham auch sexuellem Missbrauch vor. Gleichzeitig sollte Sexualaufklärung aber zu sinnlich-neugierigen Erfahrungen des gesamten Körpers ermuntern. Kinder sollten sich überall berühren und auch lustvolle Freude dabei empfinden dürfen. Das hat noch gar nichts mit sexuellen Empfindungen zu tun. Die kindliche sinnliche Experimentierfreude unterscheidet sich darin grundlegend von der erwachsenen und sollte nicht aus der Erwachsenen-Perspektive betrachtet werden. Interpretieren Sie deshalb in die entdeckenden Handlungen nicht Erwachsenen-Vorstellungen von Sexualität hinein.

Die milde Form von unangenehmer Scham ist Peinlichkeit. Schämen wir uns heftig, empfinden wir ein brennendes Gefühl, das mit Achtungsverlust vor sich selbst oder anderen verbunden ist. Doch wie entsteht negative Scham, gerade in Bezug auf Sexualität? Ausgelöst wird sie, wenn wir bloßgestellt werden oder uns selbst in eine unangenehme Situation manövriert haben. Wir schämen uns grundsätzlich immer dann, wenn wir uns bei etwas unangenehm berührt fühlen. Gehen wir diesem schlechten Gefühl nach, stellt sich in der Regel heraus, dass prägende negative Erlebnisse in der Vergangenheit ausschlaggebend dafür sind.

Meistens wurden Grenzen überschritten oder die sexuelle Entwicklung tabuisiert oder beschämt. Das geschieht auch, wenn gar nicht erst über Sexualität gesprochen wird oder wenn beispielsweise die Geschlechtsmerkmale und Geschlechtsteile gar nicht oder nicht mit den richtigen Bezeichnungen benannt werden. Denn was keinen Namen und keine Worte bekommt, wird automatisch mit Scham belegt. Noch problematischer ist grundsätzliche Abwertung der Sexualität, vor allem, wenn sie mit Verboten gekoppelt ist: schlechtes oder verschämtes Reden über die Geschlechtsteile zum Beispiel, verbunden mit der Warnung, diese nicht anzufassen. Empfindet nun aber ein Kind das Berühren seines Geschlechtsorgans dennoch als schön und angenehm, erlebt es eine Widersprüchlichkeit, die es enorm beschämen kann.

Es gibt Unterschiede im Schamerleben von Mann und Frau, weil Jungs gesellschaftlich weniger Tabus auferlegt werden als Mädchen. Was nicht heißt, dass Männer keine schambehaftete Kindheit erleben. Aber mit Sicherheit sind mehr Frauen davon betroffen. Ein weiterer Geschlechterunterschied besteht im Sprechen über Sexualität. Männer reden miteinander unbefangener und oft ganz konkret über Sex. Frauen vermeiden das eher und ziehen Gespräche über Beziehungsthemen dem Sex-Talk vor.

Brauchen Sie als Eltern Heilung von einer ungesunden Scham?

Nehmen Sie sich den Raum und die Zeit, um versäumte Entwicklungsschritte nachzuholen: Eignen Sie sich Wissen an, werden Sie sprachfähig, finden Sie hinein in Ihre eigene Körperwahrnehmung, investieren Sie in praktische Übungen und machen Sie angenehme Erfahrungen mit Bewegungen und Berührungen, die für positive neue Verknüpfungen in Ihrem Kopf sorgen. Viele Wiederholungen sind nötig, damit positive Empfindungen die bisher unangenehmen »überschreiben« und die Scham verschwindet. Die eigene Geschlechtlichkeit zu erfahren und anders über sie zu denken, ist der zentrale Weg und die wichtigste Voraussetzung dafür, sich »entschämt« zuerst auf sich selbst und dann auf ein Gegenüber einlassen zu können.

Wenn Sie selbst Intimität und Sex als etwas Erfüllendes, Schönes und Lustvolles wahrnehmen, können Sie diese Haltung auch befreit den eigenen Kindern weitergeben und ihnen so eine gesunde Entwicklung ermöglichen.

Reden Sie mit Ihrem Kind über die Unterschiede der beiden Begriffe und Gefühle. Benennen Sie greifbare Beispiele und erzählen Sie sich gegenseitig Situationen, in denen Sie sich schon mal geschämt haben. Helfen Sie zu unterscheiden, dass man sich schämen kann, weil man etwas Blödes gemacht hat, manchmal aber auch, weil es einfach eine peinliche Situation war oder man bloßgestellt wurde.

Ihr Kind sollte wissen, dass es sich immer an Sie wenden darf, wenn es sich etwas zuschulden kommen lassen hat (und reagieren Sie im konkreten Fall dann auch möglichst unverkrampft). Ihrem Kind muss auch unbedingt klar sein, dass Täter in Situationen von sexueller Gewalt das Gefühl der Scham nutzen, um Schweigedruck aufzubauen und dem Opfer Schuldgefühle und eine Mittäterschaft einzureden. Fühlen sich Kinder schuldig, wird die Hemmschwelle, sich jemandem anzuvertrauen, besonders groß.

Mit Aufklärung gegen sexuelle Gewalt

Sexualaufklärung ist immer auch Prävention gegen sexualisierte Gewalt. Denn wie soll ein Kind, das nichts über gesunde Sexualität und ihre Grenzen weiß, einen sexuellen Übergriff als solchen einordnen können? Wie soll es sich jemandem anvertrauen, wenn es nie gelernt hat, über Sexualität zu sprechen? Wie sollen sich Jugendliche und sogar Erwachsene vor Übergriffen schützen, wenn in deren Leben Sexualität tabuisiert wurde? Sprechen Sie darüber! Machen Sie sehr deutlich, dass man immer Nein sagen darf, wenn man etwas nicht will, auch im allerintimsten Kontext einer Beziehung. Thematisieren Sie, dass sowohl Jungs wie Mädchen sexuell ausgebeutet werden können. Dass Geschlechterrollen dennoch nach wie vor einen

Unterschied in der Gefährdung machen, dass Frauen häufiger sexuell belästigt und angegriffen werden. Informieren Sie sich selbst und Ihre Kinder, wie man sich im Notfall verteidigt.

Die Art und Weise, wie unsere Gesellschaft mit dem Thema sexuelle Gewalt umgeht, ist noch immer sehr verbesserungswürdig. Noch viel zu oft werden Übergriffe ignoriert oder kleingeredet und Betroffenen wird zumindest eine Teilschuld zugewiesen, oft ganz subtil. Gewalt – insbesondere sexualisierte Gewalt – findet in allen Lebensbereichen statt und ist in jedem Fall eine schwere Straftat. In der Schule, in der Lehre, in der Familie, im Bekanntenkreis, im Freundeskreis, auf der Straße und auch in Liebesbeziehungen unter Jugendlichen. Gewalt muss nicht immer körperlich, sondern kann auch emotional sein. Alle Menschen, unabhängig vom Geschlecht, können betroffen sein.

Eine bessere Aufklärung hilft dabei, Kinder stark und selbstbewusst zu machen.

20 bis 30 Prozent aller Kinder erleben Statistiken und Umfragen zufolge in irgendeiner Weise sexuelle Gewalt. Leider auch in der christlichen Lebenswelt. Eine bessere Aufklärung hilft dabei, Kinder stark und selbstbewusst zu machen. Wenn Kinder wissen, wie ihr Körper funktioniert, was gut und gesund ist und was nicht, fördert das ihre Resilienz und ihr Selbstwertgefühl. Deshalb ist es wichtig, schon kleinen Kindern das Bewusstsein zu vermitteln, »mein Körper gehört mir«. Ein informiertes und selbstbewusstes Kind wird sich eher gegen Übergriffe wehren oder sich jemandem anvertrauen als eines, das buchstäblich gar nicht weiß, wie ihm geschieht.

Sprechen Sie nicht nur mit Mädchen über das Thema sexuelle Gewalt, sondern auch mit Ihren Jungs. Grundsätzlich ist Gewalterfahrung ein Jungs-Thema. Sie sind sowohl als Opfer, als Täter oder als Zeuge in der Pubertät deutlich häufiger in Gewalt verwickelt als Mädchen. Laut polizeilichen Kriminalstatistiken werden Jungen im

Vergleich zu Mädchen doppelt so häufig Opfer von Körperverletzungen als Mädchen, sowohl in der Kindheit wie in der Jugendzeit. Sie werden dreimal häufiger Opfer von körperlichen Angriffen als erwachsene Männer. Sie können sowohl Mobber sein und andere verprügeln, als auch Opfer von Gewalt werden. Und weil das Risiko so groß ist, müssen Eltern mit ihren Söhnen präventiv über das Thema sprechen.[6] Damit sie lernen zu unterscheiden zwischen körperlichem Kräftemessen innerhalb eines Regelrahmens oder aggressiver Gewalt, die ausartet (siehe auch den Abschnitt »Grenzen setzen – Grenzen achten« in Kapitel 7).

Mein Rat ist: Hüten Sie sich als Vater davor, sich als »Türsteher der Sexualität« Ihrer Tochter aufzuspielen. Das tun beispielsweise Väter in der Purity-Bewegung oder auch Väter und Brüder in patriarchalen Gesellschaften. Doch damit wird die Geschlechtsreife von Mädchen problematisiert und die von Jungs heroisiert. Patriarchal tickende Väter gehen davon aus, dass ihre Verbindung zur Tochter »besonderer« ist als die zum Sohn. Dass sie Töchter nicht so einfach ziehen lassen können: »Töchter sind zerbrechlich«, »Töchter muss man beschützen«, »Söhne schütteln sich einfach den Staub von der Hose, wenn sie gefallen sind«, »Sexuelle Freiheiten von Söhnen sind Kavaliersdelikte«.

In der Purity-Bewegung wird die Verantwortung für die Sexualität der Tochter sogar explizit durch ein Ritual in die Hände des Vaters gegeben. Patriarchale Väter und Söhne fühlen sich meistens nicht nur für die (sexuelle) Unversehrtheit von Töchtern und Schwestern zuständig, sondern nehmen deren sexuelle Freiheiten auch schnell als persönliches Versagen oder sogar als persönlichen Angriff wahr. Letztlich bedeutet das, dass Töchter sexuell unversehrt sein müssen, damit es den Männern der Familie gut geht. Mit weiblicher Selbstermächtigung hat das nicht das Geringste zu tun.

Alle diese Fakten gehören immer wieder auf den Tisch, ohne Angst zu schüren und ohne den Eindruck zu vermitteln, es sei die Aufgabe von Frauen und Mädchen, sich besonders zu schützen. Es ist unangebracht, beispielsweise ständig ein Verhalten anzumahnen, das Mädchen angeblich vor sexualisierter Gewalt schützen soll: »Tu dies nicht, tu das nicht, zieh dich nicht so an, geh nicht so spät noch raus, verhalte dich nicht so.« Die Schuld für Gewalt liegt niemals bei den Opfern. Deshalb müssen Sie darüber reden und warnen und deshalb gehören Jungs mit an diesen Tisch! Und deshalb lautet die wichtigste Regel schon von klein auf: »Niemand hat das Recht, dich gegen deinen Willen anzufassen, Niemand. Auch Mama und Papa nicht. Und weil die Regel für alle gilt, hast du auch nicht das Recht, andere gegen deren Willen anzufassen und zu bedrängen.«

Angst vor Frühsexualisierung und Übergriffen

Leider ist es ein trauriger Fakt, dass die meisten sexuellen Übergriffe im engsten Familien-, Freundes- und Bekanntenkreis passieren. Es gibt aber auch viele sexuelle Übergriffe in Betreuungseinrichtungen, Schulen, Sportvereinen, kirchlichen Einrichtungen, und wir sind mit Recht betroffen und entsetzt, wenn so etwas passiert. Alle Bemühungen, Kinder besser zu schützen, sind absolut unterstützenswert. Doch nicht wenige Eltern fürchten auch Grenzüberschreitungen und sexuelle Freizügigkeit unter dem Deckmantel der Sexualaufklärung und bekämpfen zum Teil sexualpädagogische Initiativen heftig.

Was können Sie tun? Wenn Sie befürchten, dass andere Ihrem Kind Informationen vermitteln könnten, die vielleicht nicht in Ihrem Sinne sind, sollten Sie ganz bewusst Aufklärung zu Hause in der Familie Raum geben. Ihre Kinder nicht aufzuklären, schützt sie gerade nicht vor dem, was Sie wahrscheinlich fürchten: weder vor Übersexualisierung noch vor frühzeitiger sexueller Aktivität. Eine fortwährende, altersgemäße und sensible Art der Aufklärung, die informiert, und Kinder und Jugendliche stärkt, ist der beste Schutz. Aufgeklärte Kinder sind geschützte Kinder, weil sie die Kompetenz haben, Vorkommnisse einzuordnen und darüber zu sprechen. Wenn Sie als Eltern das leisten können, verliert die schulische Sexualaufklärung ihre Bedrohung und wird zur ergänzenden Ressource und Diskussionsgrundlage für Gespräche am Familientisch.

WIE SIEHT SEXUELLE AUSBEUTUNG AUS?

Sexuelle Ausbeutung ist jede sexuelle Handlung eines Erwachsenen mit einem Kind, das aufgrund seiner emotionalen und intellektuellen Entwicklung nicht in der Lage ist, dieser sexuellen Handlung informiert und frei zuzustimmen. Dabei nutzt der/die Erwachsene die ungleichen Machtverhältnisse zwischen Erwachsenen und Kindern/Jugendlichen aus, um das Kind zur Kooperation zu überreden oder zu zwingen. Grenzüberschreitung hat viele Facetten, von »lieb« bis bösartig. Es bedeutet immer, dass Grenzen bei Nähe und Distanz innerhalb eines Abhängigkeitsverhältnisses missachtet werden, z. B. zwischen Erwachsenen und Kindern, Vorgesetzten und Untergebenen oder Betreuungspersonen und der abhängigen Person.

- Zuneigungsorientierte Ausbeutung von Vertrauenspersonen (zu lieb, manipulativ): die nette Lehrperson, die besorgten Eltern, Pflegeeltern, Großeltern, Onkel, Tante, Familienfreunde, Kirchenfreunde, Jugendleiterinnen und -leiter usw.

- Übererotisierte Familien/Institutionen: Kinder/Abhängige als Zeugen »erwachsener« Sexualität, offene Türen, keine Intimitätsgrenzen
- Aggressiv-feindselige Ausbeutung: sexuelle Ausbeutung mit sadistischer Neigung, Übergriffe als Bestrafung, zum Beispiel: »Du bist schlecht, darum tue ich dies mit dir.«

Diese Risikofaktoren erhöhen die Gefahr für innerfamiliäre sexualisierte Gewalt (Missbrauch):

- Männliche Dominanz über Frauen und Kinder: Machtgefälle zwischen Mann und Frau
- Rigide (starre) Geschlechterrollen
- Soziale Isolation in der Familie: zu nah dran, einengendes Miteinander, innen keine Abgrenzungen, starke Abgrenzung nach außen
- Körperliche Züchtigung in der Erziehung: einseitige Gehorsamserziehung, missbräuchlicher Umgang mit Vergebung
- Starre Sexualnormen: keine (freiheitliche) Aufklärung
- Religiöser Druck
- Verleugnung, was nicht sein darf, ist nicht: »Das gibt es bei uns nicht!«

Schieben Sie vor allem aus präventiven Gründen die Aufklärung Ihrer Kinder und Jugendlichen nicht vor sich her. Überlassen Sie die Aufklärung nicht dem Zufall schlechter Erfahrungen und auch nicht dem Internet mit seinen pornografischen und anderen jugendgefährdenden Inhalten. Diese Inhalte werden nicht nur einfach an die Kinder herangetragen. Kinder suchen auch aktiv selbst danach, um ihre Neugier zu stillen, wenn ihnen andere Möglichkeiten fehlen.

Eine fundierte Sexualaufklärung ermutigt Kinder dazu, sich ihren Bedürfnissen entsprechend zu verhalten und dabei die eigenen und die Grenzen anderer zu achten. Ein Kind, das die eigenen Gefühle kennt und wichtig nimmt, kann »Nein!« sagen und sich im Zweifelsfall Hilfe holen.

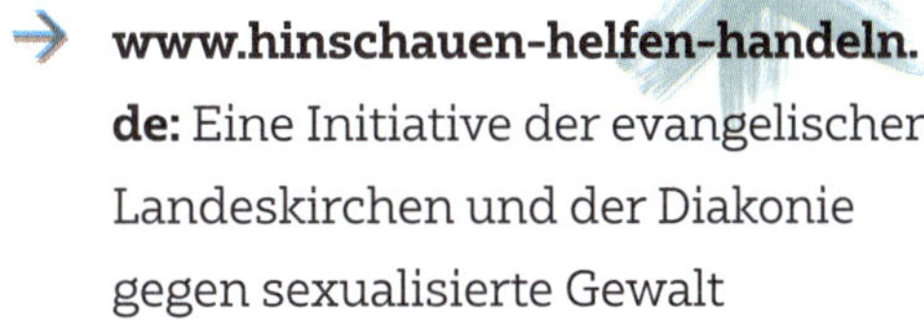

LESETIPPS

- **www.hinschauen-helfen-handeln.de:** Eine Initiative der evangelischen Landeskirchen und der Diakonie gegen sexualisierte Gewalt
- Johannes Büchle, Alma Ulmer (Hg.): **Menschenskinder, ihr seid stark! Prävention vor sexualisierter Gewalt** (Evangelisches Jugendwerk Württemberg EJW)[7]
- Christian Rommert: **Trügerische Sicherheit. Wie wir Kinder vor sexueller Gewalt schützen** (SCM R.Brockhaus 2017)

2 AUFKLÄRUNG FRÜH GENUG

»Do less sooner« – Tu weniger, aber tue es früher. Das ist kein schlechter Grundsatz für Aufklärung! Häppchenweise, ohne Stress und früh beginnen. Aufklärung sollte die ganze Kindheit hindurch stattfinden, indem man die kleinen sich bietenden Gelegenheiten immer wieder nutzt. Kinder haben Fragen und möchten Antworten, aber sie wollen keine Vorträge. Beschränken Sie sich daher auf die Antwort auf die Frage – wenn Ihr Kind zum Beispiel wissen will, warum Jungs einen Penis haben und Mädchen eine Vagina, dann reicht es völlig zu erklären, dass der Penis die Samen in die Vagina transportiert, damit sie so in die Gebärmutter gelangen können, damit ein Baby entsteht. Oder dass man später als Erwachsene damit Sex und Freude und Spaß haben kann.

Falls Sie auf etwas keine Antwort wissen, verschaffen Sie sich Zeit, um sich schlauzumachen, und liefern Sie sie nach. Am besten gehen Sie von sich aus wieder auf das Kind zu, ohne etwas zu erzwingen. Und ein guter Grundsatz ist es, nur so viel zu erklären, wie es das Kind interessiert. Ein passender Zeitpunkt zum Anknüpfen wird immer wieder kommen, wenn Sie dafür offen sind. Das eine große Aufklärungsgespräch finden Kinder jeden Alters einfach nur peinlich, es ist pädagogisch völlig unsinnig und gehört höchstens als Anekdote auf die Comedy-Bühne.

Die Menstruation ist ein gutes Beispiel dafür, wie natürliche Aufklärung geschehen kann. Die Periode ist ein völlig alltäglicher Vorgang und doch wird sie wie das größte Mysterium gehandhabt. Dabei ließe sich darauf ganz einfach die ganze Aufklärung aufbauen. Viele Kleinkinder begleiten Mutter und Vater auf die Toilette und interessieren sich brennend dafür, was da geschieht. Und sie fragen, fragen, fragen ... Wenn die Mutter sie nicht vor ihnen versteckt, lernen Kinder von klein auf, dass die Regelblutung etwas ganz Natürliches ist und den Zyklus des Lebens begleitet. Wenige spielerisch erklärende Sätze machen die Vorgänge nachvollziehbar: »Ich habe mir nicht wehgetan, keine Sorge.

Die Gebärmutter ist die gemütliche Höhle, in der im Bauch der Mama die Kinder wachsen. Die macht jetzt gerade Hausputz, deswegen kommt Blut aus der Vagina, und danach ist alles wieder frisch und neu, falls ein neues Baby einziehen will. Und die Tampons oder Binden hier sind zum Auffangen.«

Auf diese Weise fließt die Aufklärung ganz natürlich in den Alltag ein, ohne dass man großes Aufheben darum machen muss. Und je älter die Kinder werden, desto mehr Informationen kann man vermitteln. Am Ende des 3. Kapitels finden Sie eine Übersicht über die sexuellen Entwicklungsstadien, um zu erfahren, was wann in der sexuellen Entwicklung ungefähr dran ist. Umfassende Aufklärungsinhalte finden Sie im Parallel-Buch »Sex. Alles, was dich interessiert«.

Je besser Sie selbst Ihre eigenen Körperfunktionen verstehen und damit im Reinen sind, desto leichter fällt es Ihnen, sie auch zu vermitteln. Je natürlicher Mutter und Vater die körperlichen Vorgänge beschreiben können, desto selbstverständlicher sind sie auch für die Kinder – wie essen, trinken, schlafen.

Meist sind es konkrete Geschehnisse in der Schule oder dem Freundeskreis, die das Gespräch am Esstisch zu Hause ganz automatisch in Gang bringen. Dann ist die beste Gelegenheit, mit Kindern und Jugendlichen auch über Sex zu sprechen. Nehmen Sie als Eltern auch Themen aus den Medien auf. Lassen Sie Aufklärungsliteratur im Wohnzimmer herumliegen. Doch achten Sie dabei auf die Privatsphäre von Kindern und Jugendlichen. Gesprächsoffenheit zu signalisieren, ist etwas ganz anderes als Ausfragen und Nachbohren! Reden Sie über körperliche Veränderungen oder persönliche intime Fragen nur unter vier Augen mit dem Kind, ohne dabei zu sehr in es zu dringen. Wenn Kinder Sie als Eltern beim Thema Sex als respektvoll, vertrauenswürdig, offen und gelassen erleben, wird es ihnen leichter fallen, Sie bei beunruhigenden Vorkommnissen ins Vertrauen zu ziehen.

Starke Kinder sind aufgeklärt

Es reicht definitiv nicht, in der Sexualaufklärung nur biologische Abläufe zu erklären und Probleme verhindern zu wollen wie zu früher Sex, Geschlechtskrankheiten und ungeplante Schwangerschaften. Es geht um mehr: um die emotionale Seite der Sexualität. Um gleichberechtigte und gerechte Sexualität, um Gefahren wie Ausbeutung, um sexuelle Identität und Selbstsicherheit, und last but not least um Rollenbilder. Gute Aufklärung bewirkt zudem, dass Kinder und Jugendliche ihre Bedürfnisse kennenlernen und die Fähigkeit entwickeln, Grenzen zu setzen.

WISSEN VERMITTELN UND ERFAHRUNGEN ERMÖGLICHEN – BAUSTEINE DER AUFKLÄRUNG

- **Sexualaufklärung** ist die Vermittlung von Wissen über die biologischen Vorgänge von Sexualität, Zeugung, Verhütung, Schwangerschaft, Geburt, Geschlechtskrankheiten usw.

- **Sexualpädagogik** ist die erzieherische Arbeit rund um die Themen Sexualität, Körperlichkeit und Emotionen. Kinder und Jugendliche sollen ermutigt werden, sich frei zu entfalten und dabei die Intimsphäre und die Grenzen anderer zu achten.

- **Herzens- und Sinnlichkeitserziehung** sind ebenso mitentscheidend für eine genussvolle Sexualität. Sie nutzt alle

Möglichkeiten, sich und den Körper ganzheitlich zu erfahren. Dazu gehört die Erfahrung einer Gemeinschaft, die den einzelnen Menschen zudem wertschätzt. Ebenso auch wichtige Erfahrungen in der Natur, Umgang mit den Elementen Feuer, Wasser, Luft, Erde. Die Sorge für die Umwelt, sorgfältiger Umgang mit dem eigenen Körper, sorgsamer Umgang mit Tieren. Der gesamte musische Bereich gehört genauso dazu: Musik, Tanz, Gesang und andere künstlerische Ausdruckformen der Körperlichkeit und Sinnlichkeit. Und zuletzt die spirituellen Erfahrungen, das Reden über Gott und ganzheitliches Erleben in Besinnung und Gebet – die sinnliche Komponente des Glaubens.

Möglichst viel von alledem sollte in der Familie geschehen und nicht einfach delegiert werden.

Kinder sind sinnliche und sexuelle Wesen

Sind Kinder bereits sexuelle Wesen? Kinder sind auf jeden Fall sinnliche Wesen. Die Trennung von Zärtlichkeit, Sinnlichkeit und Sexualität gibt es bei Kindern nicht. Erleben Kinder in der Familie Berührungen grundsätzlich als warm und positiv und weder als bedrängend noch distanziert, und sind diese erlaubt, entwickeln sie später als Erwachsene in der Sexualität mehr Lust. Der Mensch ist von Geburt an perfekt mit allen Sinnen und den nötigen Reflexen ausgestattet, um sich die Welt und seinen eigenen Körper ganzheitlich anzueignen, indem er im ursprünglichsten Sinn die Dinge mit Händen und Verstand »begreift«. Tastend, sehend, schmeckend, riechend und hörend erschließen wir uns die Welt. Dabei ist die Haut als Sensorium besonders wichtig.

Die Haut ist das ausgedehnteste Organ des menschlichen Körpers. Wenn Berührungen früh als schön und wohltuend erlebt werden, wird sie zu einem biologischen Vorteil und zu einer erotischen Nutzfläche. Die Haut am ganzen Körper ist ein riesiges Tast-Fühl-Organ, das nicht nur jede Berührung sehr intensiv aufnimmt, sondern auch ans Hirn weiterleitet, wo die Sinneseindrücke abgespeichert werden. Den größten Teil unserer Sexualität leben wir über die Haut aus. Berührungen sind für uns Menschen überlebenswichtig. Ohne Stimulation der Haut stagniert die Entwicklung jedes menschlichen Wesens. Säuglinge können an mangelndem Körperkontakt sogar sterben.

Unser Wissen ist vielfach nur ein Bescheidwissen und kein sinnliches Begreifen.

»

Die Haut umhüllt uns vollkommen, ist das früheste und das sensitivste unserer Organe, unser erstes Medium des Austauschs und unser wirksamster Schutz. Wahrscheinlich ist sie neben dem Gehirn das wichtigste unserer organischen Systeme. Der am unmittelbarsten mit der Haut verbundene Sinn, der Tastsinn, der Ursprung aller Empfindungen, wird vom menschlichen Embryo vor allen anderen Sinnen entwickelt … Ein Mensch kann leben, wenn er blind und taub ist, weder hören noch schmecken kann, aber ohne die Funktionen der Haut ist er nicht lebensfähig.

Ashley Montagu (1905–1999), britisch-amerikanischer Anthropologe

Fördern Sie deshalb aktiv Sinnlichkeit und Lust, indem Sie Ihrem Kind sinnliche Erfahrungen zugestehen. Wenn in Ihrer Familie Umarmungen und Hautkontakt selbstverständlicher Bestandteil des täglichen Zusammenlebens sind, fühlt sich Ihr Kind sicher und geborgen und lernt zu vertrauen und Nähe zuzulassen. Diese positiven sinnlichen Erfahrungen werden im Körpergedächtnis gespeichert und bleiben ein Leben lang erhalten und bilden die Basis für ein Grundvertrauen, das auch neue Erfahrungen und spielerisches Ausprobieren zulässt. Die Sinnlichkeit des Kindes kann aber auch verkümmern, wenn eine entsprechende liebevolle und anregende Atmosphäre fehlt. Auf keinen Fall können Sie ein Kind mit zu viel Zärtlichkeit »verwöhnen«. Ganz im Gegenteil: Kuscheln und Knuddeln ist überlebenswichtig.

Was nicht gespürt und benannt wird, existiert nicht.

Weil Berührungen sich schön anfühlen und Vertrauen und Sicherheit geben, fassen sich Babys und Kleinkinder auch gern und unbefangen selbst an. Durch Selbstberührungen lernen Kinder Freude an ihrem Körper und an Zärtlichkeit. Sie begreifen sogar, dass sie sich so selbst beruhigen können – und machen so bereits kleine erste Schritte in die Unabhängigkeit.

Sie können die Körperpflege bei Kleinkindern zu einem sinnlichen Spiel machen. Benennen Sie zusammen mit Ihrem Kind nicht nur Nase, Zehen, Mund, Bauch, Po etc., sondern auch die Genitalien. Den meisten Eltern ist gar nicht klar, dass sie das nicht tun. Es ist ein unbewusster Akt. Doch was nicht gespürt und benannt wird, existiert nicht. Das Kind registriert, dass sein Arm ein Arm ist, aber ebenso auch, dass es an seinem Körper einen namenlosen Bereich gibt, der weniger freudig wahrgenommen und berührt wird als andere Körperregionen. Oder den es selbst weniger berühren und streicheln darf als andere Bereiche des Körpers.

Zärtliche (nicht sexuelle) Kontakte mit den Eltern, mit anderen Menschen und mit sich selbst schaffen sinnliche Erfahrungen, die die Beziehungs- und Liebesfähigkeit fördern. Auf keinen Fall dürfen das aber von Erwachsenen motivierte sexuell stimulierende »Zärtlichkeiten« sein. Indem das Kind seinen Körper entdeckt, erlebt es sich im Lauf der Zeit auch zunehmend als weiblich oder männlich, entwickelt Selbstbewusstsein und Selbstgefühl und wird in all seinen Sinnen angeregt. Hier wird das Fundament gelegt für das ganz persönliche »Körperhaus«, in dem sich das Kind mehr und mehr zu Hause und wohlfühlt.

Durch Berührungen und Selbstberührungen lernen Kinder verschiedenste Empfindungen kennen. Sie lernen Intimität durch Ankuscheln und Schmusen oder durch respektvolle Berührungen von Erwachsenen beim Baden und Waschen. Körperspiele wie die Anzahl der Finger oder Buchstabenraten auf dem Rücken, »Fingerverse«, »Blinde Kuh«, »Fangen« und andere Sinnesspiele unterstützen die Entwicklung von Empfindsamkeit und Erotik. Auch Reden fördert die sinnliche Wahrnehmung. Kommentieren Sie, was Sie spielen und tun. Gehen Sie darauf ein, wenn Kinder ihr Tun kommentieren.

Sinnlich ist es auch, Wasser, Luft, Sand, Erde, Gras auf der nackten Haut zu fühlen. Kinder müssen nackt herumspringen, balgen, matschen und dreckeln dürfen, um sich selbst zu spüren. Ob sie ihren Anus anfassen oder sich lustvoll in der Nase bohren, das macht für sie keinen Unterschied. Sprechen, Lachen, Kichern, Schreien und Rufen, Wettspucken, Rülpsen und Furzen, im Freien pinkeln oder eingehend den frisch gemachten Haufen begutachten – all das gehört zur Sinnlichkeitsentwicklung dazu.

Kinder sind unterschiedlich

Jedes Kind entwickelt sich in seinem eigenen Rhythmus und zeigt seine individuellen Eigenheiten. Das eine Kind ist vielleicht ein Schmuser, das andere liebt eher Toben und Raufen. Sinnlichkeitserziehung geschieht auf jede Art und Weise, die den Körper miteinbezieht. Achten Sie darauf, was Ihr Kind besonders mag, genießt und sich wünscht. Und respektieren Sie dabei, was es an Berührungen und auch Bemerkungen nicht mag! Kinder senden kleine und große Signale der Verweigerung, wie Wegschauen, Wegdrehen, Weggehen, Abwehrgesten, Hauen, Schweigen, Weinen, Schreien, verbale Abwehr »Das mag ich nicht«. Selbst wenn Kinder kichern, können sie sehr wohl gleichzeitig ausdrücken, dass sie etwas nicht mögen. Diese Hinweise müssen feinfühlig beachtet werden, denn so lernt das Kind, dass es ein Recht darauf hat, Ja und Nein zu sagen. Kinder merken schon früh, ob ihre Bedürfnisse respektiert werden oder nicht.

NACKTHEIT

Nicht nur das eigene Gefühl prägt das Selbstbild, sondern auch das Bild, das man durch Betrachtung von außen von sich selbst gewinnt. Es ist daher gut, wenn Ihr Kind von Anfang an in seinem Zimmer einen Spiegel hat, in dem es sich ganz sehen kann, sodass es einen lustvollen Zugang zu seinem Aussehen und seinem Körper bekommt.

Finden Sie Wörter und eine Sprache

Vor allem für Mädchen und ihr späteres Frausein kann es eine sehr negative Prägung sein, wenn ihr Genital nicht benannt wird und damit quasi nicht existiert. Benennen Sie die Genitalien mit ihren korrekten Bezeichnungen, nicht mit verschleiernden Begriffen wie »Mumu« oder gar einem verschämten »da unten«. Die richtigen Begriffe zu benutzen, ist zudem Prävention gegen sexuelle Gewalt. Wie sollen Kinder sonst merken, dass ihre Grenzen überschritten werden, wenn jemand aus dem Umfeld den »Piephahn« oder »Schmetterling« anfasst und diese Worte nach Spiel klingen: »Stell dich nicht so an, das macht doch Spaß.«

Wenig hilfreich sind auch die althergebrachten »Scham«-Bezeichnungen wie Schamlippen, Schamhügel, Schamhaare. Im Lateinischen wird der Intimbereich als *pudendum* (»schäm dich«) bezeichnet.[8] Sprachlich hängen geblieben ist das vor allem beim weiblichen Genitalbereich. Und fast ausschließlich in der deutschen Sprache. Im Französischen, Englischen, Italienischen werden die Schamlippen schlicht »Lippen« genannt, abgeleitet vom lateinischen *labium*. Weshalb die deutsche Sprache das Wort »Labien« ja durchaus kennt. Warum verwenden wir es denn nicht einfach? Denn negativ behaftete Begriffe prägen sich unbewusst ein und werden Auslöser für ganz viel Schamgefühl. Wörter sind wichtig! Wörter bilden Realität und sie bilden Realität ab.

In den 1980er-Jahren suchten sprachwissenschaftliche Seminare mit ihren Studentinnen nach anderen Wörtern für »diese verdammte Scham«. Im Chinesischen wird der Uterus »Gebärpalast« genannt. Das inspirierte die Sprachwissenschaftlerin Luise F. Pusch vor bald vierzig Jahren zu der Bezeichnung »Pforten des Palasts« oder »Vestibül« für Schamlippen. Pusch schlug »Venuslippen« als Bezeichnung für die Labien vor, abgeleitet vom bereits eingeführten Begriff Venushügel. Auch »Vanille« stellte Pusch als Ausgangslage für weitere Wortkreationen zur Auswahl, weil die Worte Vanille und Vagina etymologisch verwandt sind. Das spanische *vainilla* bedeutet übersetzt »kleine Schote« – eine Verkleinerungsform von *vaina*, was wiederum zurückgeht auf das lateinische *vagina*.

2018 wurde von der Journalistin Gunda Windmüller und der Kulturwissenschaftlerin Mithu M. Sanyal eine Petition initiiert, die fordert, das Wort »Vulvalippen« als Alternative in den Duden einzutragen. Doch bis ein Wort in den Duden aufgenommen wird, muss es über einen längeren Zeitraum in einer bestimmten Häufigkeit und in verschiedenen Fachbereichen gedruckt verwendet werden. Sanyal sagt, die Vulva bleibe so lange unsichtbar, wie es uns an korrekten Benennungen fehle.

Die amerikanische Psychologin und Feministin Harriet Lerner ist der Meinung, die falsche Benennung des weiblichen Genitals komme einer »psychischen und genitalen Verstümmelung« gleich. Sprache könne so scharf und schnell sein wie das chirurgische Skalpell. Die schwedische Künstlerin Liv Strömquist beleuchtet die Vulva, die weibliche Sexualität und die Menstruation in ihrem Comicband

»Der Ursprung der Welt«. Laut ihr bewirkt die kulturelle Tabuisierung, dass das komplexe weibliche Geschlechtsorgan auf ein »Loch« reduziert wird. Denn »Scheide« und selbst »Vagina« bezeichnen die Körperöffnung, aber nicht das ganze Genital. Inzwischen entstand unter Frauen auch die Wortschöpfung »Vulvina« als Möglichkeit, das gesamte Genital zu benennen.

Laut Strömquist trägt die Abneigung unserer Kultur, die Vulva zu benennen und abzubilden, dazu bei, dass Frauen kein entspanntes Verhältnis zu ihrer Vulva haben und sich deswegen sogar kosmetischen Eingriffen unterziehen.

Für ein vernünftiges Gespräch über Sexualität gibt es genügend zeitgemäße Begriffe. Penis, Vulva, Vagina, Klitoris etc. sind präzise und unbelastete Bezeichnungen, wenn Sie einfache Erklärungen über sexuelle Vorgänge geben wollen. Leichter über Sexualität zu sprechen, lernt man, indem man es tut. Das nimmt Ihnen die Angst und Sie tun sich selbst und Ihrem Kind einen Gefallen. Denn all die Dunkelkammern der Perversität profitieren davon, wenn Sex nicht als etwas ganz Normales, Menschliches wahrgenommen wird, sondern ein Tabuthema darstellt.

Sie werden problemlos in den Medien eine Fülle an Stoff zu Sexualität finden. Natürlich muss diese Informationsschwemme sortiert und diskutiert werden. Und ja, da sind mit Sicherheit Inhalte dabei, die das eigene Wertesystem infrage stellen. Aber es kann gut und hilfreich sein, Ihr eigenes Verhältnis zu Sexualität zu reflektieren. Sie werden staunen, wie gut Sie mit Ihren Kindern und Teenies ins Gespräch kommen können, wenn Sie selbst Offenheit und Neugier mitbringen. Grundsätzlich gibt es kein Thema, das Sie nicht mit Ihren Kindern besprechen können. Das Einzige, was Kinder, je älter sie werden, überhaupt nicht interessiert, sind Einzelheiten über das Sexleben ihrer Eltern!

3 DIE KINDLICHE UND JUGENDLICHE SEXUALENTWICKLUNG

Wenn ein Kind zur Welt kommt, ist es bereits mit allen Sinnen und vielen Reflexen ausgestattet, um die Welt zu erkunden und sie sich anzueignen. Doch noch ist nicht alles fertig entwickelt. Zwar kann der Säugling nach der Geburt noch nicht deutlich sehen und auch nicht sprechen, dafür funktionieren Atemreflex, Saugreflex und Schluckreflex und garantieren das allererste Überleben.

Umgebung und Umwelt werden vom Menschen über die Sinne wahrgenommen. Die klassischen fünf Sinne sind der Geruchs- und Tastsinn sowie das Schmecken, Hören und Sehen. Ohne die Sinne wäre der Mensch nicht dazu in der Lage, sich in seiner Umgebung zurechtzufinden. Als Schutzmechanismen bewahren sie den Körper vor Schaden und melden Gefahr. Mit ihnen entwickeln sich aber auch sinnliche Wahrnehmungen.

Auch die meisten Reflexe sind angeboren und dienen genauso dem Schutz. Ein Reflex ist eine automatisch ablaufende Reaktion auf einen Reiz: Sie entstehen im zentralen Nervensystem des Menschen, werden vom Rückenmark gesteuert, durch Nervenzellen koordiniert und ermöglichen eine schnelle Reaktion bei Gefahr. Diese Reaktion bleibt gleich, egal, wie oft der Reiz wahrgenommen wird. Reflexe initiieren ebenso motorische Entwicklungen, indem sie Reize weiterleiten, die den Muskeln und Organen Befehle zu reagieren erteilen und die Lernen anregen. Reflexe sind nicht nur angeboren, sie können auch verstärkt (geübt) oder neu erlernt werden.

Schon ganz zu Beginn kann man an Säuglingen beobachten, dass die Reflexe nicht nur die Grundversorgung sichern, sondern auch zum Erhalt des Wohlgefühls beitragen, wenn sie beispielsweise nach dem Trinken weiternuckeln und dabei großes Wohlbehagen empfinden. Viele verschiedene Reflexe initiieren dann weiteres Lernen. Das Baby lernt seinen Körper in seinen Bewegungen kennen und steuern: Es wird angeregt, sich auf die Seite zu rollen, sich vom Bauch auf den

Rücken und wieder zurückzudrehen, kommt auf die Knie, wippt, robbt, krabbelt, steht schließlich auf, um irgendwann zu gehen – alles dank der Reflexe und der Sinneseindrücke. Und all das wird im Hirn in den dafür vorgesehenen Arealen abgespeichert und durch unzählige Wiederholungen gefestigt und automatisiert.

Im ersten Lebensjahr ist der Mund das wichtigste Lust- und Lernorgan. Schritt für Schritt beginnt das Kind, Sinne und Reflexe zueinander in Verbindung zu bringen. Es sieht seine sich bewegende Hand und folgt ihr mit den Augen. Es lernt zu greifen und führt Dinge automatisch zum Mund. Schon bald stecken sich Babys nahezu alles in den Mund, was sie in die Finger bekommen. Ob die eigenen Finger und Zehen oder erhaschte Gegenstände, alles wird genüsslich mit Mund und Zunge erforscht. Kinder suchen mit allen Sinnen nach maximalem Lustgewinn, auch über die Nahrung. Ihre Lust ist keine rein sexuelle, sondern eine Rundum-Erfahrung. Auf diese Weise erkunden sie die Welt und eignen sie sich an. Denn alles, was in die Finger und in den Mund kommt, erhält über sinnliche Reize eine Abbildung im Gehirn mit einem Wiedererkennungseffekt, der abgerufen werden kann.

Sexualität ist eine Lernaufgabe, wie alles andere in der Entwicklung auch.

So, wie alle Sinne und Reflexe ihre bestimmten Aufgaben haben, hat sie auch der Erregungsreflex. Dieser ist dafür »zuständig«, auf die Sexualität aufmerksam zu machen und diese zu entwickeln – und zwar schon ganz zu Beginn. Er löst die angenehmen Erregungsreize und Lustgefühle aus, die durch Berührungen oder durch Muskelbewegungen im Genitalbereich entstehen oder in anderen erogenen Körperregionen. Was dazu animiert, diese Empfindungserfahrungen zu wiederholen. Sexualität ist eine Lernaufgabe, wie alles andere in der Entwicklung auch.

Der Erregungsreflex – gottgegeben

Kindliche Sexualität ist instinktiv, spontan, spielerisch, unbefangen und dank des Erregungsreflexes einfach da. Schon Babys können entdecken, dass rhythmisches Muskelanspannen schöne Gefühle im Genitalbereich auslöst. Bei der Erkundung ihres Körpers finden sie bald heraus, dass Berührungen am Geschlechtsteil angenehm sind. Sie legen sich auf den Bauch, schaukeln, pressen die Beine zusammen, genießen Berührungen, kneten oder zupfen ihr Genital und lösen damit aktiv den Erregungsreflex aus, um die angenehmen Gefühle zu wecken und zu verstärken.

Wann und wie dieser Entwicklungsprozess beginnt und abläuft, ist von Kind zu Kind verschieden. Wie Sie als Eltern darauf reagieren, wird entscheidenden Einfluss darauf haben, welche Gefühle Ihr Kind damit verbindet. Der Erregungsreflex ist nicht kontrollierbar, auch später nicht, aber er kann verschwinden, wenn er nicht mit einem selbst, mit konkreten Erregungs- und Lusterfahrungen verknüpft wird. Deshalb kann es gravierende Folgen für die sexuelle Entwicklung und das Erleben von Lust als Erwachsene haben, wenn Kinder und Jugendliche davon abgehalten werden, sich selbst zu berühren, oder dies negativ behaftet ist.

Natürlich ist es wichtig für ein Kind zu wissen, dass es für die Erkundung von Erregung eine Zeit und einen Ort gibt, so wie es auch für andere Dinge die richtige Zeit und den richtigen Ort gibt. Der Supermarkt, die öffentlichen Verkehrsmittel oder der Kindergarten sind nicht der Ort, um sich nackt auszuziehen oder am Intimbereich herumzuspielen. Im Kinderzimmer ist es dagegen völlig in Ordnung. Um Kindern den Unterschied zu vermitteln, ohne ihnen das Gefühl zu geben, dass es grundsätzlich nicht »richtig« ist, können Sie etwas sagen wie: »Gell, das ist ein schönes Gefühl, nackt zu sein. Oder dich da zu berühren oder dich so zu bewegen. Du kannst das in deinem Zimmer tun oder wenn wir allein sind, aber nicht, wenn wir mit Oma und Opa am Kaffeetisch sitzen.«

Jungen bringen ihre Empfindungen recht schnell mit ihrer sexuellen Entwicklung in Verbindung und machen viele sinnliche Erfahrungen, indem sie ihren Penis betrachten, betasten und reiben. Allein schon zum Pinkeln berühren Jungs ihn mehrmals täglich ganz selbstverständlich. Weil der Penis nach außen geformt ist, ist er von Geburt an viel präsenter als die Vagina der Mädchen, die sich eher nach innen richtet. Selbst das Innere der Vulva ist verborgen zwischen den äußeren Vulvalippen. Interessanterweise entdecken Mädchen ihre Vulva oft dann, wenn es zwischen den Beinen einmal juckt. Tendenziell werden Mädchen eher davon abgehalten, sich im Intimbereich zu berühren. Schon gar nicht werden sie dazu ermutigt. Wachsen sie hingegen in einer Umgebung auf, in der dies nicht als tabu gilt, werden auch sie sich unbekümmert zwischen die Beine fassen und an ihren Geschlechtsteilen reiben, streicheln oder ziehen.

Obwohl Kinder sexuell erregbar sind und ähnliche sexuelle Reaktionen haben wie Erwachsene, messen sie dem eine ganz andere Bedeutung bei. Ein Kind fasst sich an, ohne zu wissen, was es da tut und was es bedeutet. Es sind keine zielgerichteten sexuellen Handlungen. Kinder haben zu ihrem Körper ein unverkrampftes Verhältnis und handeln vor allem aus Neugier und unbewusster Lust auf Berührung. Diese Erkundung des eigenen Körpers ist eine wichtige Lernerfahrung, denn sich selbst zu kennen, zu wissen, was schöne Gefühle auslöst, und zärtlich zu sich selbst zu sein, bereichert später die Sexualität. Erst durch den Einfluss der Hormone in der Pubertät bekommt diese Befriedigung eine sexuelle Komponente.

Bedeutsame Selbststimulation

Selbstbefriedigung ist der erste sexuelle Entwicklungs-Lernweg des Menschen. Durch den Erregungsreflex wird ein Kind darauf aufmerksam gemacht, dass es sich durch Stimulation der Genitalien selbst angenehme Gefühle machen kann. Wie schon erwähnt, ist dieser Reflex von Natur aus bei jedem Kind da und kann nicht kontrolliert werden. Wird er aber künstlich unterdrückt, kann er verschwinden. Die traurige Folge ist, dass Sinnlichkeit und sexuelle Lust sich nicht naturgemäß entwickeln können. Die Selbststimulation ist ein wichtiges Instrument, um sich selbst und seine Wünsche und Bedürfnisse kennenzulernen. Wird diese verboten oder moralisch abgewertet, belastet das die Sexualität des Menschen und damit den Menschen selbst mit Scham. Schlimmstenfalls werden sexuelle Empfindungen sogar mit Ekel verbunden.

Selbstbefriedigung ist der erste sexuelle Entwicklungs-Lernweg des Menschen.

Für manche Kinder, Jugendliche und Erwachsene sind Selbstberührungen sehr wichtig, für andere spielen sie eine eher untergeordnete Rolle. Genauso, wie eben auch andere Dinge nicht für jeden Menschen dieselbe Bedeutsamkeit haben. Selbstbefriedigung ist ein gesunder Teil der Beziehung zu sich selbst und hat zunächst einmal nichts mit einer Paarbeziehung zu tun. Sie ist ein Sich-Ausprobieren. Solosex, Selbstliebe, Selbsterfahrung – wie man sie auch nennt, diese Liebesbeziehung mit sich selbst gehört zur sexuellen Entwicklung dazu.

Erst mit Einsetzen der Pubertät, im Zusammenhang mit den dann ausgeschütteten Geschlechtshormonen, bekommen diese Stimulationen eine sexuelle Bedeutung, und erst dann kann man von Selbstbefriedigung im eigentlichen Sinn sprechen. Jetzt ist die Selbstbefriedigung auch wichtig für das Selbstgefühl als Frau oder Mann und entscheidend für die sexuelle Selbstsicherheit, die sich auch in allgemeiner Körpersicherheit und gestärkter Persönlichkeit und sicherer Identitätsfindung zeigt.

Selbstsicherheit kann man gleichsetzen mit Selbstbewusstsein. Mit dem Gefühl von »Sich-in-seiner-Haut-Wohlfühlen« – mit einem gesunden Selbstgefühl. Dazu gehört auch eine gesunde Beziehung zum eigenen Körper. Eines baut aufs andere auf. Auf einem gesunden Selbstgefühl wachsen Selbstwert und Selbstvertrauen. Selbstbefriedigung wird zu einem Instrument, um herauszufinden, wie der eigene Körper tickt, was einen erregt und was man genießt.

Unter Sexualität ist nicht einfach nur Genitalität und Geschlechtsverkehr zu verstehen. Sexualität kennt ganz verschiedene Ausdrucksformen. Küssen, Streicheln, Erotik, Leidenschaft, Fürsorglichkeit oder Geborgenheit gehören auch dazu. Insofern ist auch Sexualerziehung weit mehr als die Aufklärung über Geschlechtsorgane, Zeugung und Geburt. Das Grundbedürfnis nach Sexualität in ihren verschiedenen Formen begleitet uns ein Leben lang. Zwar nicht immer gleich stark ausgeprägt und nicht für jede und jeden gleich wichtig – aber es bleibt. Vor allem Berühren und Berührtwerden sind der stärkste Zugang, um (erotische) körperliche Bedürfnisse zu stillen.

Wie stark das Bedürfnis nach Selbstbefriedigung oder Sex ist, ist von Mensch zu Mensch verschieden. Grundsätzlich gibt es kein Falsch oder Richtig, sondern einfach individuelle Unterschiede. Selbststimulation ist je nach Entwicklungsstand, Persönlichkeit, Lebensphase und Lernprozess zudem unterschiedlich wichtig. Wenn Kinder beschämt oder an der Selbstbefriedigung gehindert werden, kann es passieren, dass sie den Kontakt zu ihrem eigenen Körper abbrechen. Oder aber alles Sexuelle bekommt erst recht eine große Faszination, wird aber heimlich im Verborgenen ausgelebt – oft umso exzessiver und durch die negative Prägung nicht mehr unschuldig-freudig, sondern belastet. Wer hingegen in seiner sexuellen Neugier wenig eingeschränkt wird, hat die Chance, auch in dieser Hinsicht verschiedene Entwicklungsphasen mit mehr oder weniger großem Interesse zu durchlaufen und bleibt nicht auf das Verbotene fixiert.

Jungs beginnen damit, sich selbst auszuprobieren und zu masturbieren, wenn in ihrem Körper der Testosteronspiegel steigt. Bei Mädchen kann es in ganz unterschiedlichen Entwicklungsphasen geschehen. Kinder, die viel Zärtlichkeit und Nähe erfahren und einen guten Bezug zu ihrem Körper entwickeln konnten, masturbieren eher als andere. Kinder mit sexualisierter Gewalterfahrung masturbieren früher als andere, weil sie zu früh fremdbestimmt darauf gestoßen werden. Es gibt mehr junge Männer, die masturbieren, als junge Frauen. Junge Frauen sprechen ungern darüber, junge Männer schon.

Die Kinderjahre

Jedes Kind entwickelt sich nach seinem eigenen Rhythmus und hat seine individuellen Eigenheiten. Manche bekommen früh den ersten Zahn, andere laufen eher, und jedes Kind beginnt zu unterschiedlichen Zeiten, seinen Körper zu entdecken und das, was angenehm sein kann. Oder unangenehm. Nicht alle Kinder schmusen gleich gern, einige toben lieber. Begleiten Sie Ihr Kind in seiner ganz eigenen psychosexuellen Entwicklung.

Wenn Kinder anfangen, lustvolle Gefühle bewusster zu entdecken, berühren sich Jungen in erster Linie mit den Händen, während Mädchen eher Gegenstände wie Stofftiere oder Kissen benutzen, die sie auf ihren Genitalbereich drücken. Oder sie pressen ihre Oberschenkel zusammen und schaukeln auf einer Unterlage. In der zweiten Hälfte des zweiten Lebensjahrs werden Kinder sich der anatomischen Unterschiede und Merkmale beider Geschlechter bewusst und interessieren sich für die Genitalien der Eltern. Auch die Körperausscheidungen gewinnen an Faszination. Nicht nur die eigenen, sondern auch die der anderen. Sie wollen mit Mama oder Papa auf die Toilette, beim Pinkeln zuschauen oder den Penis anfassen. Sie interessieren sich für Urinpfützen und ihr »Geschäft«. In ihrer Zeigelust stellen sie auch ihre Genitalien zur Schau.

Kinder beginnen in diesem Alter auch, sich selbst den Merkmalen von weiblich und männlich zuzuordnen. Gleichzeitig entwickeln sie ihren Sprachschatz und erlernen die Begriffe für Genitalien und Ausscheidungsvorgänge. Auch registrieren Kinder, ob sie in ihrem Mädchen- oder Junge-Sein akzeptiert werden. Sie beobachten Mutter und Vater und erhalten dadurch Informationen darüber, ob sie mit ihrem Frau- und Mannsein zufrieden sind, ihre Körper mögen, Freude an der Sexualität haben und vieles mehr. Und sie beginnen, Fragen zu stellen.

In dieser Zeit baden Kinder auch noch mit den Eltern. Wenn Sie intime Berührungen von Ihren Kindern nicht mögen, sagen sie es liebevoll. Ein Kind erfährt dadurch in guter Weise, dass es Dinge gibt, die andere nicht wollen. Solche Erfahrungen gehören zum menschlichen Miteinander. Wenn Sie als Mutter oder Vater beim Baden mit dem Kind Erregung spüren oder eine Erektion haben, sollten Sie aus der Wanne steigen.

Mit zwei Jahren beginnt das Kind seine Schließmuskeln zu beherrschen und kann sauber werden. Der eigene Wille und die Widerstandskraft werden eingeübt und dazu gehören trotzige Episoden. Ja- und Neinsagen werden in dieser Phase gelernt. Was nicht bedeutet, dass alles erlaubt sein sollte! Vor Warum-Fragen können Sie sich jetzt kaum noch retten. Die Themen Sexualität, Zeugung und Geburt sind hoch im Kurs des kindlichen Interesses. Weil Kinder lernen, indem sie beobachten und nachahmen, wird es nun noch wichtiger, welche Verhaltensweisen sie in ihrem Umfeld erleben.

Jetzt bricht bei Kindern die Entdeckerfreude so richtig durch. Alles wird nachgespielt, was Kinder bei den Erwachsenen sehen. Rollenspiele haben für die folgenden Jahre Hochkonjunktur: Autofahren, Einkaufen, Kochen, Handwerkern, Gärtnern, Krieg und Frieden, Puppenspiele, Mutter-Vater-Kind, Streiten, fremde Sprachen sprechen und auch Arztbesuche. Alles wird erkundet, auch der Körper – der eigene und der andere. Der nackte Körper des Geschwisterkindes oder Spielkameraden wird interessant: Sieht der aus wie meiner oder anders?

Zwischen drei und vier Jahren dominiert der Bewegungs- und Expansionsdrang. Jetzt will das Kind mehr und mehr weg von den engsten Bezugspersonen, raus in die Welt. Körperliche Geschicklichkeit, Gelenkigkeit, Körperbeherrschung, Kraft und Lust an der Bewegung, das sind die Lernaufgaben, bei denen Sie Ihrem Kind jetzt helfen. Es soll sich erproben und üben können. Das Kind baut Freundschaften auf und wird selbstständiger. Nun bilden sich die sozialen Kompetenzen im Umgang mit anderen: Rücksicht nehmen, sich einfühlen, aber auch sich durchsetzen. Auch die Schamentwicklung ist jetzt dran, ebenso wie die Entfaltung von komplexen Gefühlen wie Zuneigung oder Eifersucht, Ärger oder Enttäuschung. Ihre Aufgabe ist es, Ihr Kind ernst zu nehmen, es aber nicht überzubehüten. Sie können Ihrem Kind ruhig auch etwas mehr zumuten, und dazu gehören auch Grenzen. Nicht nur Mädchen sollten liebevoll getröstet werden, sondern auch Jungs.

Eine weitere Entdeckung in dieser Zeit ist die Liebe. Nicht umsonst ist »Sandkastenliebe« ein geflügelter Begriff. Kinder entdecken eine tiefe Zuneigung für ein Mädchen oder einen Jungen ihres Alters. Die andere Person wird ausgesprochen wichtig, die Kinder wollen Händchenhalten, Streicheln, Umarmen oder Küssen – wie die Erwachsenen. Dahinter stehen dieselben Bedürfnisse nach Wärme und Geborgenheit wie bei den »Großen«. Und auch einen frühen Liebeskummer erleben Kinder, wenn eine Freundschaft endet oder der Kindergartenschatz umzieht.

Doktorspiele – Wie sehen wir denn nackig aus?

Ab vier bis fünf Jahren will man auch die gleichaltrigen Freundinnen und Freunde nackt sehen. Doktorspiele sind hoch im Kurs. Töchter sind nun häufiger auf den Vater bezogen und probieren ihren weiblichen Charme aus. Widerspenstig und frech werden will ausprobiert werden. Gemeinsamkeiten und Unterschiede werden verglichen und durch Anschauen und Berühren festgestellt. Manche Eltern machen sich Sorgen, dass solche Spiele »zu weit« gehen, es könnten Dinge gegen den Willen eines Kindes geschehen oder dass Kinder einander Schmerzen zufügen. Deshalb sprechen Sie mit Kindern darüber, welche Spielregeln für Doktorspiele gelten.

Für diese Entdeckungsreise brauchen Kinder eine gewisse Privatsphäre, aber bleiben Sie mit einem Ohr dabei. Solange sich alle beteiligten Kinder beim Spiel wohlfühlen, können Sie es laufen lassen. Wenn Sie das Gefühl haben, dass Doktorspiele zu oft vorkommen, eine ungute Richtung nehmen oder vom immer gleichen Kind dominiert werden (was alles auch bei anderen Spielen der Fall sein kann), unterbrechen Sie und lenken Sie die Kinder mit anderen Beschäftigungen ab, ohne zu viel Aufhebens zu machen. Ein »alle Unterhosen wieder an« und »Händewaschen, jetzt gibt's einen Snack und dann, ab nach draußen« genügt völlig. Es kann sein, dass Rollenspiele realistisch aussehen, also Kinder möglicherweise sexuelle Handlungen nachahmen. Sie kopieren, was sie irgendwo aufgeschnappt haben, aber das ist dennoch nicht sexuell motiviert.

REGELN FÜR KÖRPERLICHE ROLLENSPIELE

- Jedes Mädchen/jeder Junge bestimmt selbst, mit wem es/er Doktor spielen will (absolute Freiwilligkeit!). Jede und jeder spielt nur, was sie/er will. Und nur, was Spaß macht und was sich für sie selbst und die anderen gut anfühlt.
- Sagt ein Kind »Stopp!«, wird sofort aufgehört.
- Kein Kind darf einem anderen wehtun.
- Es dürfen keine Gegenstände, Spielzeug oder Körperteile in Nase, Ohr, Po, Vagina oder andere Körperöffnungen gesteckt werden.

- Bei den Spielen dürfen nur Gleichaltrige (höchstens 3 Jahre Altersunterschied) mitmachen. Größere Kinder, Jugendliche und Erwachsene haben bei Doktorspielen nichts zu suchen. Auch nicht als Zuschauer.

- Kinder dürfen keinesfalls zu Doktorspielen animiert werden.

- Kindern sagen: Wenn sich etwas ungut anfühlt, zu viel wird oder jemand die Regeln nicht einhält, bitte sofort Mutter, Vater oder andere Bezugsperson zu Hilfe holen.

Blöde Weiber, doofe Jungs

Ab sechs Jahren können Kinder erstmals so richtig auf Krawall gebürstet sein. Provokationen und Tabuverletzungen gehören dazu, und dabei auch die Abwertung des anderen Geschlechts. Man will nichts mehr voneinander wissen, findet sich gegenseitig blöd, und gemeinsam Spielen ist nicht mehr interessant. Das eigene Geschlecht scheint besser und mehr wert, erster sozialer Druck entsteht, sich rollenkonform zu verhalten. Die geschlechtstypischen Verhaltensweisen werden sogar oft richtig überzogen.

Häufig provozieren Kinder nun auch Erwachsene mit sexuell gefärbten Witzen, Sprüchen und Begriffen aus dem Sexual- und Fäkalbereich. In der Gruppe versuchen sie sich gegenseitig darin zu übertrumpfen, verstehen aber oft den Inhalt ihrer Ausdrücke und Anspielungen nur halb oder gar nicht. Aber sie spüren die Tabuverletzung – und diese ist reizvoll. Die aufgeregte Reaktion der Erwachsenen bestätigt sie darin. Am besten ist es daher, wenn Sie möglichst gelassen reagieren. Doch dürfen Sie auch klar sagen, wenn Sie bestimmte Ausdrücke nicht hören wollen, wie »Wichser« oder »Fotze«, und diese unterbinden.

Um den Schuleintritt herum wächst das Interesse der Kinder an Bildern und Geschriebenem. Sie schauen gern Sendungen, die eher für Erwachsene gedacht sind, lauschen aufmerksamer den Gesprächen der Großen und schnappen Themen auf – auch Sexualität. Diese Neugier können Sie gut nutzen, um diese Themen aktiv zu besprechen. Wenn Sie hilfreiche Bücher zum Thema haben (siehe Buchtipps Seite 124), betrachten Sie sie gemeinsam oder ermuntern Sie Ihre Kinder, sich selbst damit zu beschäftigen. Für Aufklärungsfilme ist es noch zu früh. Wenn Ihre Kinder Dinge beschäftigen, die sie zufällig gesehen haben, gehen Sie darauf ein. Sie können auf Klischees aufmerksam machen und Vorstellungen bestätigen oder relativieren: Modediktate, Figur- und Schönheitsnormen, gefährliche Verhaltensweisen. Es ist nie zu früh, Ihre persönlichen gesellschaftlichen und religiösen Werte und Werte der Sexualerziehung deutlich zu machen.

Wenn der Kinderkörper erwachsen wird

Allerspätestens mit 11 Jahren sollten Mädchen und Jungen über die grundlegenden Vorgänge in ihrem Körper aufgeklärt sein. An dieser Schwelle der biologischen Entwicklung sollte die sexuelle Erziehung nicht beginnen, sondern weitgehend abgeschlossen sein.

Zwischen dem 10. und 16. Lebensjahr, am Übergang zwischen Kindheit und Erwachsensein, hat die Natur ihre eigenen Initiations-Riten eingerichtet: Die Menarche, das erste Auftreten der Regelblutung bei der jungen Frau, und die Spermarche, der Beginn der Spermienproduktion beim jungen Mann, der bald darauf die Pollution folgt, der erste Samenerguss. Auf beide Ereignisse sollten Kinder deutlich vorher gut vorbereitet sein, damit sie in ihrem Selbstgefühl nicht beschämt werden, wenn die Vorgänge in ihrem Körper sie überraschen.

Die weitere Aufklärung kann nun auf dieser Grundlage aufbauen. Mit pubertierenden Kindern geht es vermehrt um die psychosoziale Vorbereitung auf Liebe, Selbstliebe, Selbstakzeptanz und Selbstverantwortung im Hinblick auf ihre Sexualität. Um Jugendliche in dieser Zeit gut zu begleiten, ist es hilfreich, wenn Sie Ihre eigenen sexuellen Lernerfahrungen und durchlebten Reifestufen reflektieren und Ihrem Kind davon erzählen, wenn es das möchte. Wenn Sie sich vielleicht zum ersten Mal in Ihrem Leben mit Ihren Erfahrungen auseinandersetzen – umso wichtiger und besser! Nicht nur Sie selbst werden davon profitieren, auch Ihr Kind wird Sie als viel authentischer wahrnehmen. Moralisch angeheizte und von der Realität losgelöste Aufklärungsgespräche finden Jugendliche erfahrungsgemäß einfach nur peinlich.

MIT 11 JAHREN SOLLTEN KINDER ÜBER DIE GRUNDLEGENDEN VORGÄNGE IN IHREM KÖRPER AUFGEKLÄRT SEIN.

Das Wichtigste bei der körperlichen Entwicklung von Jugendlichen liegt nicht im Bereich des Größen- und Breitenwachstums, auch wenn dieser am offensichtlichsten ins Auge springt. Viel bedeutsamer und entscheidender ist die beträchtliche hormonelle Veränderung.

Die Entwicklung der primären und sekundären Geschlechtsmerkmale erfolgt in einer ziemlich festgelegten Reihenfolge. Bei Mädchen beginnt dieser Prozess etwa zwei Jahre früher als bei Jungs. Es ist die winzige Hypophyse, die Hirnanhangdrüse, die durch ihre Hormonproduktion das Signal zur Veränderung setzt. Diesen Auftrag, neue Hormone zu produzieren, erhält sie wiederum vom Hypothalamus. Die Hormone regen die Keimdrüsen und die Nebennierenrinde an, die körperliche Reife wird nun in Etappen vollzogen. Wie der Reifeprozess verläuft, ist ganz unterschiedlich. Einige Jugendliche entwickeln sich deutlich früher als andere.

Bei Dreizehnjährigen stehen Sie eigentlich vor biologischen Erwachsenen. Mit der Adoleszenz, dem Erreichen der maximalen Körpergröße, ist bei Frauen mit dem sechzehnten und bei Männern mit dem achtzehnten Lebensjahr bereits der biologische Höhepunkt des Lebens im Hinblick auf die Fruchtbarkeit erreicht. Die Hoden der Jungs werden jetzt bis ins hohe Alter Samenzellen produzieren, die jungen Frauen haben in ihren Eierstöcken von den ursprünglichen 1 bis 2 Millionen Eizellen, mit denen sie geboren werden, noch einen Vorrat von je 400 000 Eizellen, der bis zum Ende der Fruchtbarkeit reicht. So hart es auch klingt: Sie selbst haben den Höhepunkt des Lebens bereits überschritten und befinden sich schon auf dem Weg »bergab«. Der Gedanke ist sicher nicht schön, aber eine Tatsache, die man sich ab und zu bewusst machen kann.

ÜBERBLICK

ENTWICKLUNGSGERECHTES SEXUALVERHALTEN IN KINDHEIT, JUGENDZEIT UND ERWACHSENLEBEN

SEXUALENTWICKLUNG

Kinder entwickeln sich nicht einfach entsprechend einer vermeintlichen Norm. In diesem Kapitel geht es darum, einen ungefähren Überblick über die psychosexuelle Entwicklung von Kindern zu bekommen, um sie besser in ihrem Körpergefühl und ihrer Liebesfähigkeit zu unterstützen.

KLARE BEGRIFFLICHKEIT

Es ist wichtig, dass Kinder ihre Geschlechtsteile früh benennen können und keine verniedlichenden oder schamhaften Umschreibungen von Ihnen hören. Der Penis ist ein Penis, die Vagina eine Vagina, die Vulva etwas anderes als die Vagina. Das ist auch wichtig für die Prävention sexualisierter Gewalt: Kinder können nur über etwas sprechen, wofür sie auch die Bezeichnung kennen.

AUFKLÄRUNG BEGINNT FRÜH

Schon mit drei oder vier Jahren beginnen Kinder Fragen zu stellen, zum Beispiel, wie sie in den Bauch der Mutter gekommen sind und wie wieder raus. Günstige Gelegenheiten wie diese können Sie nutzen, um in einfachen Worten zu erklären: Damit ein Kind entsteht, braucht es Vater und Mutter, und es kommt durch die Vagina der Mutter zur Welt.

Richten Sie sich bei der Aufklärung im Wesentlichen nach dem Tempo des Kindes. Behalten Sie dennoch im Auge, in welchen Lebensabschnitten welche Aufklärungsthemen ungefähr anstehen. Wenn beispielsweise Ihr Kind bis zum Ende der Kindergartenzeit nicht von sich aus gefragt hat, wie Babys entstehen, sollten Sie es langsam an das Thema heranführen.

INFOMATERIAL BESORGEN

Wenn Sie kinder- und jugendgerechte Bücher zum Thema Sexualität herumliegen lassen, gelangen die ganz automatisch in die Hände Ihres Nachwuchses.

GELEGENHEITEN NUTZEN

Es gibt viele Gelegenheiten, das Thema aufzugreifen: Wenn das Kind die Monatsblutung der Mutter mitbekommt und nachfragt, wenn es Kondome in der Schublade entdeckt, bei Schwangerschaften in der Familie oder Bekannten, Vorkommnissen in der Schule oder wenn die Medien Fälle von sexuellen Übergriffen melden usw.

PORNO-KONSUM THEMATISIEREN

Unterschätzen Sie nicht, wie früh Kinder bereits in Kontakt mit Pornografie kommen (oft schon mit elf Jahren). Hier wird die Sexualerziehung zur Medienerziehung. Und einmal mehr gilt: Kinder kommen mit etwas, das sie beschäftigt oder gar schockiert, nur zu Ihnen, wenn sie wissen, dass sie auf offene Ohren stoßen und nicht auf Abwehr und bloß auf Verbote.

GRENZEN RESPEKTIEREN

Je nach Alter müssen die Erklärungen nicht ins Detail und auch nur so weit gehen, wie das Kind Interesse zeigt. Wichtig ist, dass das Kind weiß, dass es mit allen Fragen zu Ihnen kommen kann.

CYBERRISIKEN BERÜCKSICHTIGEN

Entsprechende Sperren am Computer und am Handy sind ein erster, wenn auch nicht ausreichender Schritt. In der virtuellen Welt stoßen Kinder und Jugendliche trotzdem allzu leicht auf nicht altersgerechte Inhalte oder sexuelle Angebote. Da hilft nur: darüber reden. Fragen Sie öfter mal nach und halten Sie ein Auge darauf, welche Kanäle Ihre Kinder und Jugendlichen nutzen.

RECHTE AUFZEIGEN

Jeder Mensch hat das Recht auf eine selbstbestimmte Sexualität. Besonders mit Jugendlichen kann man das nicht oft genug thematisieren. Ihre Kinder sollten sich früh schon mit Geschlechterrollen auseinandersetzen und lernen, ihre Grenzen zu kennen und durchzusetzen.

ALS ELTERN SICH OFFEN DEN FRAGEN STELLEN

Es ist in Ordnung zu sagen, wenn Ihnen manche Fragen zu intim werden. Details Ihres Sexlebens müssen Sie nicht auspacken. Je nachdem, wie alt Ihr Kind ist und wie vertrauensvoll die Beziehung ist, kann es aber hilfreich sein, wenn das Kind erfährt, dass Sie auch nicht auf alles eine Antwort wissen und in manchen Fragen zu kämpfen haben. Das gilt nicht nur für den körperlichen Bereich, sondern wenn Jugendliche zum Beispiel Liebeskummer haben, könnten Sie erzählen, wie Sie früher damit umgegangen sind.

TIPPS HOLEN

Es spricht absolut nichts dagegen, sich bei Freunden und Familienmitgliedern zu erkundigen, wie diese das Thema Sexualaufklärung gehandhabt haben, welche Erfahrungen sie gemacht haben und was sie vielleicht heute anders machen würden. Und bei Unsicherheiten ist es immer gut, sich Beratung von Fachleuten einzuholen.

ÜBERBLICK

SEXUELLE ENTWICKLUNGSSTUFEN

BIS 2 JAHRE

- Genitales Auskundschaften und Ausprobieren
- Erektionen und vaginales Feuchtwerden
- Erfahrung von angenehmen genitalen Gefühlen
- Berühren der Genitalien anderer
- Genießen von Nacktheit, Ausziehen in Gegenwart von anderen

DAS IST JETZT DRAN UND SOLLTE INITIIERT WERDEN:

- Konkrete Bezeichnung aller Körperteile inklusive Geschlechtsorgane. Die richtigen Begriffe wie Penis, Vulva und Vagina verwenden
- Unterschiede zwischen den Geschlechtern erkennen können (erst körperlich, später sozial)
- Verschiedene Gefühle wahrnehmen und verbalisieren können
- Anleitung zu erster selbstständiger Körperhygiene
- Positive Haltung zum eigenen Körper entwickeln: streicheln, Rollenspiele mit anderen Kindern
- Idee von Familie und Verwandtschaftsgraden entwickeln: Wer ist Mama, Papa, Opa, Oma, Onkel, Tante? Wer sind meine Geschwister?

3–5 JAHRE

- Lustvolles Masturbieren, bei manchen Kindern bis zum Orgasmus
- Sexuelle Spiele (Doktorspiele) mit Gleichaltrigen und Geschwistern
- Zeigen der eigenen Genitalien
- Entdecken der eigenen Genitalien und der von anderen
- Versuch, Geschlechtsverkehr zu imitieren

DAS IST JETZT DRAN UND SOLLTE INITIIERT WERDEN:

- Genießen von Nacktheit, Ausziehen in Gegenwart von anderen
- Weitere selbstständige Körperhygiene: duschen, Genitalbereich waschen, Haare waschen, Zähne putzen usw.
- Körperliche Entwicklungsunterschiede feststellen: Erwachsenenkörper sehen anders aus als Kinderkörper (Behaarung, Busen, Größe, Muskulatur usw.)
- Konkretes Wissen, wie ein Kind entsteht (Lebenszyklus): Schwangerschaft, Geburt, Heranwachsen, bis zum Lebensende
- Unterschiede zwischen Menschen erkennen und anerkennen: körperliche, gesellschaftliche, emotionale, soziale
- Emotionen festigen und ausbauen: verschiedene Gefühle benennen können
- Privatsphäre schaffen und Schamentwicklung ermöglichen
- Erkenntnis schaffen, dass nicht alle Menschen nett zu Kindern sind – egal, ob Fremde, Freunde oder Familie: »Wenn dir etwas nicht gefällt, wehtut oder unheimlich ist, kannst du immer Nein sagen und Hilfe holen.«
- Möglichkeiten der Mitbestimmung schaffen
- Erste Hinweise auf Werte, Normen und Kulturen in Bezug auf Sexualität: Schamerziehung, was ist erwünscht, was ist nicht erwünscht, was ist bei uns so und bei anderen anders usw.

6-12 JAHRE

- Sexuelle Rollenspiele und Fantasien mit Geschwistern und Gleichaltrigen: küssen, gegenseitiges Masturbieren, simulierter Geschlechtsverkehr, Doktorspiele
- Kind masturbiert, wenn es allein ist
- Scham und Verlegenheit im Zusammenhang mit Sexualität, sexuelle Spiele werden vor Erwachsenen geheim gehalten
- Bei einigen Kindern Träume über Sexualität
- Interesse für in Medien gezeigte Sexualität
- Ab 9 Jahren Beginn der körperlichen Veränderungen: Körperhaare beginnen zu sprießen, Brüste, Penis und Hoden wachsen, Eierstöcke und Hoden produzieren Hormone; bei einigen Mädchen tritt die Menarche ein, bei einigen Jungen nächtliche Ejakulationen

DAS IST JETZT DRAN UND SOLLTE INITIIERT WERDEN:

- Wissen über Menstruation, Ejakulation, (biologische) Unterschiede zwischen Mann und Frau, innere und äußere Geschlechtsorgane
- Wissen um Sexualität und Körperbilder in den Medien (Gespräche und Einordnung dazu)
- Erkennen, Umgang und Auseinandersetzung mit Gefühlen
- Unterscheidung von Freundschaft, Liebe und Lust
- Umgang und Auseinandersetzung mit Schamgefühl und Privatheit
- Wissen über unterschiedliche Lebensformen: Single, Ehe, alleinerziehend, Patchwork, Scheidung
- Wissen über Kinderrechte (UN-KRK): sexuelle Rechte von Kindern, Informationsrecht (Aufklärung), Versammlungsrecht usw.
- Einordnung von Geschlechterrollen, Unterscheidung unterschiedlicher, aber gleichwertiger Lebensformen (Hetero- und Homosexualität), unterschiedliche Geschlechtsidentitäten
- Wissen über Pubertät: Was kommt auf mich zu?
- Auseinandersetzung und Anleitung im Umgang mit Internet, Smartphone, Fotos, Chats usw.

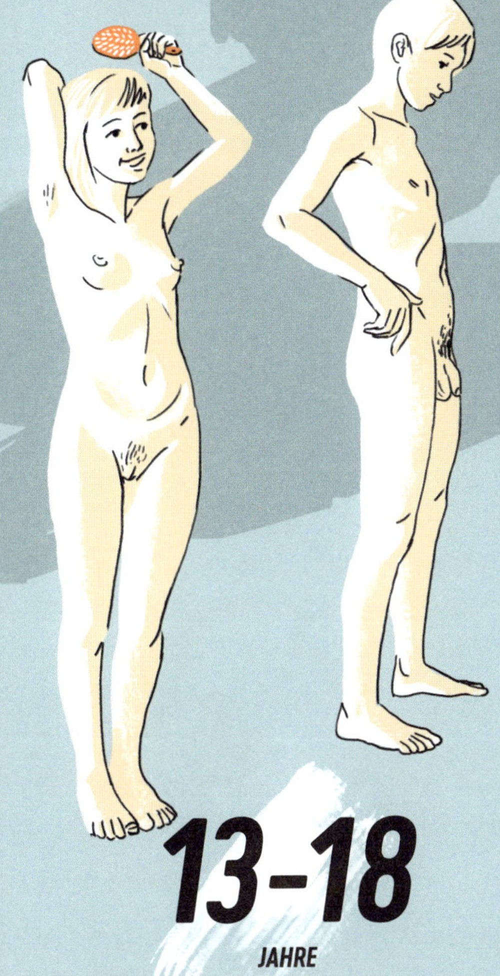

13–18

JAHRE

- Fortsetzung körperlicher Veränderungen: Menarche bei den meisten Mädchen, Ejakulationen bei den meisten Jungen, ebenso Stimmbruch und später Bartwuchs
- Hirnstrukturen verändern sich
- Verabredungen, küssen
- Sexuelle Fantasien und Träume
- Zunehmendes Interesse an sexuellen Aktivitäten wie gegenseitigem Masturbieren, Petting und Geschlechtsverkehr

DAS IST JETZT DRAN UND KANN VON ELTERN, ABER AUCH VON AUSSEN UND DURCH GLEICHALTRIGE INITIIERT WERDEN:

- Konkretes Wissen über Pubertät erwerben
- Wissen und Einordnung über Gender und sexuelle Orientierung erwerben
- Erfahrungen mit Selbstbefriedigung und Lusterleben
- Konkretes Wissen darüber, wie Sex geht, und über Erwartungen und Realität reflektieren
- Zyklus, Eisprung, Menstruation – geschlechtsunabhängiges Wissen erwerben
- Wissen zu Schwangerschaft und Verhütung, ungeplanter Schwangerschaft und Schwangerschaftsabbruch
- Wissen zu Geschlechtskrankheiten
- Konstruktive Auseinandersetzung mit Emotionen, Liebesgefühle, Eifersucht, Liebeskummer etc.
- Auseinandersetzung mit von Medien vermittelten Körperbildern
- Wünsche und Bedürfnisse verbalisieren lernen
- Pornografie: Wissen und Einordnung (geschlechtsunabhängig)
- Kenntnisse erhalten zu ziviler Rechtslage von Sexualität und verschiedenen Altersstufen
- Darüber reflektieren, wo sexuelle Gefahren lauern
- Das passiert: Clique, Freundeskreis und sexuelles Verhalten prägen den Lebensalltag
- Das kann passieren: Flirten und Verabreden, Zusammenkommen, zusammenbleiben oder wieder auseinandergehen. Beziehungsprobleme

AB 18 JAHRE

DIE SEXUELLE ENTWICKLUNG DES ERWACHSENEN MENSCHEN:

- Die erzieherische Aufgabe der Eltern ist ab jetzt weitestgehend abgeschlossen.
- Länger andauernde Partnerschaften, zusammenziehen oder heiraten, Krisen durchstehen wird ein Thema
- Alle Fragestellungen, die Sexualität in langjährigen Beziehungen festigen
- Sexuelle Lust und sexueller Frust
- Kommunikation und Bedürfniskommunikation
- Verfestigen von Lebensstil und Erwartungen
- Auseinandersetzung über Sexualität mit Kinderwunsch, unerfülltem Kinderwunsch, Schwangerschaft, Sex in der Kinderphase
- Sex kommt in die Jahre
- Hormonelle Veränderungen in verschiedenen Lebensphasen, später auch Wechseljahre bei der Frau und Andropause beim Mann
- Umgang mit Abschied, Verlust und Trennung

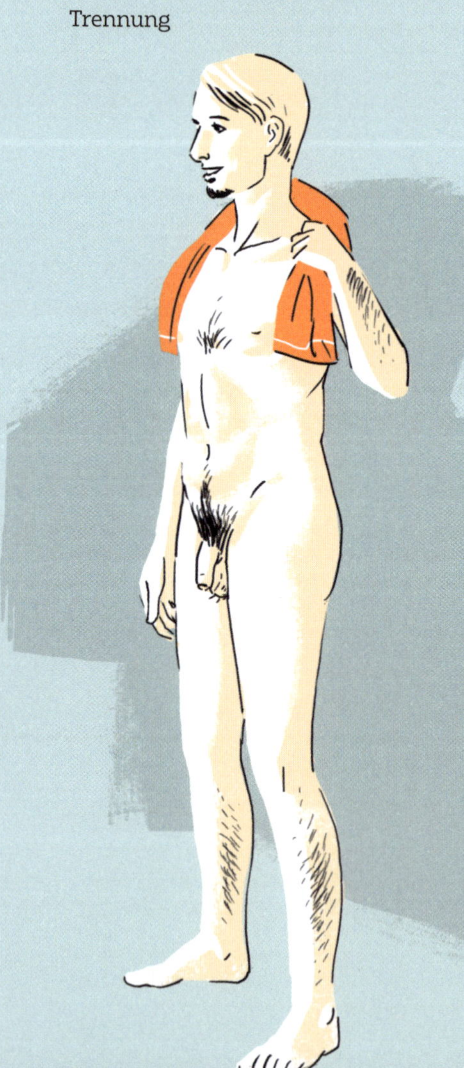

4
SEXUELLE KOMPETENZ ENTWICKELN

Bei der Entwicklung Ihrer Kinder und Jugendlichen ist eine Sache immer gut und richtig: dass Sie in dieser Entwicklung präsent, emotional erreichbar und ein ansprechbares, verständnisvolles Gegenüber sind! Dass bei Ihrem Kind sexuelle Kompetenz entsteht, ist ein wundervoller und freudiger Vorgang. Sie zu entwickeln, ist viel mehr als einfach Aufklärung. Es geht dabei um die ganze Komplexität von Sexualität, eigentlich sogar um die Komplexität des Menschen als sexuelles Wesen. Es geht um die bereits erwähnte psychosoziale Vorbereitung auf Liebe, Selbstliebe, Selbstakzeptanz und Selbstverantwortung im Zusammenhang mit der Geschlechtsreife und der emotionalen Entwicklung. Die vier Kreise der sexuellen Komponenten und Fähigkeiten bilden alle diese Faktoren der menschlichen Sexualität ab: der Kopf, das Selbst, das Herz und der Körper.

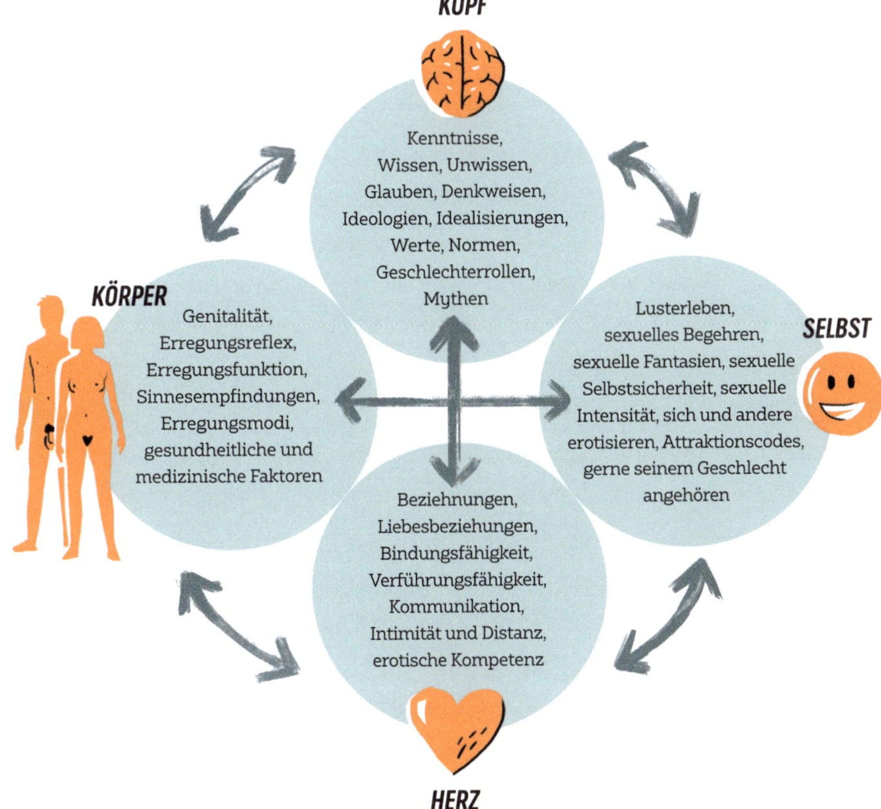

Sexuelle Komponenten und Fähigkeiten

Sexualität ist nicht kompliziert, aber doch ein bisschen komplexer als vielleicht gedacht. Viele denken, wenn die Liebesbeziehung stimmt, also das **HERZ**, wenn man sich liebt, gut miteinander sprechen kann und man sich gern gegenseitig berührt und küsst (wenigstens zu Anfang), dann klappt es mit dem Sex automatisch. Doch das ist leider nicht so.

Eine positive Sexualität gelingt besser und kann sich tiefer gehend entwickeln, wenn sie positiv vermittelt wird. Was haben Sie selbst beim Heranwachsen über Sexualität gehört? Was hätte Sie damals als Teenie interessiert? Was wurde Ihnen an Wissen, Werten, Normen, Mythen, Denkweisen und Glaubenssätzen mitgegeben? Beflügelten oder behinderten sie diese Vorstellung von Sexualität? Der **KOPF** entscheidet darüber, ob Sexualität aufblühen kann, allein oder zu zweit.

Der Wissensfundus in der christlichen Lebenswelt beruht hauptsächlich auf den Erfahrungswerten in der vertikalen Achse von Kopf und Herz. Diese sind wichtig für eine gelingende Sexualität, doch längst nicht genügend. Genauso entscheidend sind der **KÖRPER** und das **SELBST**, die horizontale Achse, doch hierzu findet so gut wie keine Wissensvermittlung statt.

Kennt man seinen eigenen **KÖRPER**, den Erregungsreflex und den Erregungsmodus, baut sich darauf die sexuelle Selbstsicherheit auf. Sie ist die Voraussetzung dazu, dass man Lust genießen, sich selbst und den anderen erotisch finden, Sex wollen (begehren), sexuelle Fantasien haben, wissen, was einen sexuell anmacht, und sexuell intensiv empfinden kann. In der Folge gehört man in der Regel auch gern dem eigenen Geschlecht, dem eigenen **SELBST**, an.

Die eigenen Körpererfahrungen sind ausgesprochen wichtig, sie sind die Grundlage, auf der sich sexuelles Lernen aufbaut. Alle anderen Komponenten entwickeln sich auf ihnen weiter, beziehungsweise sie bedingen sich gegenseitig. Fühlt es sich gut an, was im Körper passiert, und werden diese Vorgänge von einem selbst und/oder der sozialen Umgebung positiv bewertet, denkt man automatisch positiv darüber. Wird hingegen negatives Denken zur Sexualität vermittelt, beeinträchtigt das automatisch das eigene Körperempfinden. Der Körper kann oder darf Genuss nicht zulassen und es stellt sich Scham ein. Der Effekt kehrt sich um, und nun lehrt einen der Körper, negativ über Sex zu denken.

Zwei Menschen bringen ihr sexuelles **SELBST** und ihren sexuellen **KÖRPER** in die Beziehung mit ein. Je stärker und gesünder sich die eigene Sexualität entwickeln konnte, desto schöner wird die Paarsexualität (Herzbereich). Konnten hingegen die Komponenten von **KÖRPER** und **SELBST** nicht entwickelt werden, wird es nach der ersten Verliebtheit schwierig. In der Regel sind dafür die **KOPF**-Komponenten verantwortlich: negative Bewertung von und zu wenig Wissen über Sexualität.

Dass bei Kindern sexuelle Kompetenz entsteht, ist ein wundervoller und freudiger Vorgang.

Anhand der sexuellen Komponenten und Fähigkeiten können Sie Ihre eigene Sexualität reflektieren und überlegen, was Sie Ihrem Kind über das Thema vermitteln wollen. Sie finden die Bereiche und deren Inhalte ausgeführt im Teenagerbuch »Sex. Alles, was dich interessiert!«. Die Inhalte sind auch für die Wissensvermittlung an jüngere Kinder geeignet. Um Ihr eigenes Wissen um Sexualität zu erweitern, empfehle ich die Bücher »Liebeslust« und »Alltagslust«.

Guten Sex kann man lernen

Wie man Sex erlebt und was einem Freude macht, ist erlernbar und daher veränderbar. Das gilt für Menschen, die keinen Spaß an Sex haben oder mit dem Status quo nicht zufrieden sind oder einfach dazulernen möchten. Doch veränderbar ist auch die Art und Weise, wie man auf sich selbst als sexuelle Person schaut. Ob man sich und seinen Körper erotisch findet und lustvoll erleben kann. Was man sexuell will und mag, verändert sich auch durch die Lebensphasen hindurch und kann immer wieder neu entdeckt werden.

Sexualität hat in jeder Lebensphase andere Ausdruckformen. Kinder leben sie anders als Pubertierende, Pubertierende anders als junge Erwachsene, junge Erwachsene anders als Menschen im mittleren Alter oder als Senioren. Sexualität ist das, was ich selbst aus mir heraus erleben kann. Veränderungen können für alle Komponenten der Sexualität in allen vier Bereichen Körper, Selbst, Kopf und Herz angestrebt werden, also theoretisch auch in Bezug auf die Identität. Doch diese Tatsache bedeutet im Umkehrschluss nicht, dass es jedem Menschen möglich ist, wenn er denn nur richtig will.

Sexualität hat in jeder Lebensphase andere Ausdruckformen.

Die Geschlechtszugehörigkeit und die sexuelle Orientierung (also wer und was einen anzieht) haben eine Bandbreite. Sie umfasst Menschen, die eindeutig mit der Norm übereinstimmen, bis hin zu Menschen, die eindeutig nicht mit der Norm übereinstimmen. Für die Mehrheit der Menschen ist das Gefühl der Zugehörigkeit zu ihrem biologischen Geschlecht klar. Ebenso ist für viele Menschen die sexuelle Anziehung zum anderen Geschlecht eindeutig. Doch eben nicht für alle. Manche halten einen Veränderungs- beziehungsweise Erweiterungswunsch für möglich und auch erstrebenswert. Beispielsweise gibt es in der christlichen Lebenswelt Homosexuelle, die ihre Sexualität in Richtung Heterosexualität erweitert haben. Was nicht heißt, dass ihre homosexuelle Orientierung damit verschwunden ist.

Vielen Homosexuellen gelang das nicht, obwohl sie es sich vielleicht selbst stark wünschten und es von ihnen erwartet wurde, und sie erlebten dadurch viel Leid.[9] Ihr Weg des Andersseins ist oft ein langer, qualvoller. Wir könnten es ihnen einfacher machen, indem wir »Anders« jenseits der binären Normen akzeptieren. Indem Menschen die Wahl freisteht, ob sie sich verändern wollen – oder nicht. Deshalb sollten Therapieangebote meiner Meinung nach nicht verboten werden, es sollte aber auch niemand dazu gedrängt werden. Jedes Therapieangebot kann nur hilfreich sein, wenn es sich ganzheitlich mit allen Aspekten der Sexualität eines Menschen auseinandersetzt und nicht einfach eine Konversion zum Normalsein zum Ziel hat. Letztlich scheitern christliche Therapieangebote, egal, in welcher Disziplin, vor allem deshalb so oft, weil sie auf Moral (Sünde–Bekenntnis–Umkehr) aufbauen und die (sexuelle) Identität des Menschen vernachlässigen. Damit werden auch natürliche Gegebenheiten, erworbenes Wissen und ernst zu nehmende Untersuchungen ignoriert.

HETERONORMATIVITÄT

Der Begriff bezeichnet die Weltanschauung, in der nur zwei Geschlechter (männlich und weiblich) und heterosexuelle Beziehungen (ein Mann und eine Frau) als normal gelten.

Gender, Identität, sexuelle Orientierung – eine diverse Geschichte

Unaufhaltsam drängen Gender-Themen, um die wir in der christlichen Lebenswelt in den vergangenen Jahrzehnten einen weiten Bogen gemacht haben, an die Oberfläche der Gesellschaft und auch der christlichen Gemeinschaften. Bei jedem meiner bisherigen Bücher stellte sich die Frage: Darüber schreiben oder nicht darüber schreiben, damit die Botschaft erfüllter Sexualität ungestört zu den Menschen kommt? Doch jetzt, denke ich, ist es an der Zeit, das Thema anzupacken.

Wir können junge Menschen nicht aufklären, ohne auch zu besprechen, was in der Gesellschaft passiert.

Wir können heute junge Menschen nicht über Sexualität aufklären, ohne auch darüber zu sprechen, was die Gesellschaft intensiv beschäftigt und auch in der christlichen Szene zu Diskursen führt. Junge Menschen wollen nicht einfach mit fertigen Antworten abgespeist werden, sondern brauchen Gegenüber, die mit ihnen gemeinsam laut denken. Ich möchte Sie dazu ermutigen, in diesem Sinne mit Ihren heranwachsenden Kindern über das Thema zu reden und zusammen mit ihnen Standpunkte zu entwickeln.

Seit der Antike haben Philosophen, Ärzte und Wissenschaftler über das »Geschlechtlichsein« und die Fortpflanzung vom Menschen spekuliert und geforscht. Und die Religion hat dabei natürlich fröhlich mitgemischt. Mit der Frage, wer was zur Zeugung beiträgt, eröffnete Aristoteles im 4. vorchristlichen Jahrhundert die bis heute geführte Debatte über die Unterschiede der Geschlechter. Erst Ende des 17. Jahrhunderts unterschied die Medizin zwischen Samen und Ei. Antoni van Leeuwenhoek erblickte als Erster unter dem Mikroskop in seinem Ejakulat die herumschwimmenden Spermatozoen. Er war sicher, die Quelle des Lebens gefunden zu haben. Wir wissen heute sehr viel mehr als noch vor ein paar Hundert Jahren. Auch viel mehr als noch vor wenigen Jahrzehnten. Deshalb kann man heute mit Bestimmtheit sagen: Es ist definitiv komplizierter als gedacht!

Die Zuordnung zu einem Geschlecht ist komplex. Alles spielt eine Rolle:

- das biologische Geschlecht: die biologische Entwicklung der Geschlechtsorgane
- die Geschlechtsrolle: wie wir uns als Frau oder Mann verhalten
- die sexuelle Orientierung: zu welchem Geschlecht wir uns hingezogen fühlen

Die eindeutige Zweiteilung in Mann und Frau ist in Wirklichkeit gar nicht so eindeutig.

Alles spielt für die Geschlechtsidentität eine Rolle. Und Hormone, Chromosomen und Gene spielen in der geschlechtlichen Entwicklung die Hauptrolle. Sie entscheiden während der Schwangerschaft über die Biologie von männlich, weiblich oder Abweichungen davon. Sie prägen eine eher männliche oder weibliche Hirnstruktur. Die muss nicht zwingend eindeutig mit dem biologischen Geschlecht übereinstimmen. Männer können also eher weiblich denken und »ticken« und Frauen eher männlich oder divers in allen erdenklichen Variationen.

Etwa 75 Prozent der Menschen passen einigermaßen in das Weiblich-männlich-Schema und bilden auch die entsprechenden Stereotypen ab. Das heißt, sie passen optisch in die gesellschaftlich erwarteten Vorstellungen und verhalten sich auch entsprechend. Doch die klischeehaften Bilder sind auch gesellschaftlich »gemacht«. Die Zuordnung zu einem Geschlecht und die Art, wie wir uns als Frau, Mann oder als divers erleben und geben und wen wir lieben, ist komplex.

In manchem sind sich Frau und Mann biologisch verblüffend ähnlich, in anderem unterscheiden sie sich stark. Die eindeutige Zweiteilung in Mann und Frau ist in Wirklichkeit gar nicht so eindeutig. Es muss bei der Menschwerdung ziemlich viel zusammenspielen, damit am Ende eindeutig Mann oder eindeutig Frau herauskommt. Meistens klappt's. Aber eben nicht immer.

Männlich – weiblich

Männliche und weibliche Embryonen entwickeln zunächst identisch aussehende Geschlechtshöcker und -falten als Vorstufe der inneren und äußeren Geschlechtsorgane. Diese Fortpflanzungsorgane sind anfangs nicht voneinander zu unterscheiden. Noch können sie sich in die weibliche und männliche Richtung entwickeln, wobei die Entwicklung zum weiblichen Organismus die Grundform darstellt.

Zu den Gemeinsamkeiten der geschlechtlichen Anlage von Frau und Mann gesellen sich Unterschiede in der Entwicklung, die hormonell gesteuert sind, schon ab dem Mutterleib. Hergestellt werden die Hormone im Hirn, in den Nebennieren und in den Geschlechtsorganen (in den Eiern der Hoden und Eierstöcke). Mit den Androgenen (Testosteron) entwickelt sich die männliche Anatomie, mit den Östrogenen die weibliche. Sowohl das »weibliche« Östrogen wie das »männliche« Testosteron finden sich bei Männern und Frauen, wenn auch in unterschiedlicher Zusammensetzung. Diese ist individuell und ändert sich im Lauf des Lebens mehrfach.

Zwischen Zeugung und Geburt öffnen sich Zeitfenster, in denen sich gewisse Fähigkeiten ausbilden. Beispielsweise räumliches Sehen.

Bekommt in diesem Entwicklungszeitraum der Embryo, egal, ob genetisch männlich oder weiblich, männliche Hormone ab (Testosteron), wird im Aspekt »3-D-Vorstellung« das Hirn »männlich« gepolt. Bleiben hingegen während dieses Zeitraums die männlichen Hormone aus, egal, ob der Embryo genetisch männlich oder weiblich ist, wird das Hirn in diesem Aspekt »weiblich« gepolt. Es spielen also nicht nur die Chromosomen, Gene und Hormone eine Rolle, sondern auch, was in welchem Zeitraum während der stufenweisen Entwicklung des Embryos in dessen Körper und Hirn passiert. Deshalb kann man sagen: Es ist eine Lotterie, wie wir werden.

SO WIRD EIN MANN EIN MANN – CHROMOSOMEN XY

Hat ein Embryo die Chromosomen XY, bedeutet das: die Genetik ist männlich. Die weibliche X-Eizelle wurde mit einer männlichen Y-Samenzelle befruchtet. Bis zur sechsten Schwangerschaftswoche sind, wie schon gesagt, männliche und weibliche Geschlechtsorgane identisch angelegt und nicht voneinander zu unterscheiden. Ab der 7. Woche beginnt die geschlechtsspezifische männliche Entwicklung, angeregt durch die in der Gebärmutter ausgeschütteten männlichen Hormone (»Testosteronbad«). Wenn das geschieht, wird die Hirnarchitektur männlich angelegt. Ist die »Zugabe« der Hormone während der gesamten Entwicklung des Hirns durchgängig männlich (theoretisch), kann ein »ganz« männliches Gehirn entstehen. Auch die inneren wie die äußeren Geschlechtsorgane werden in diesem Fall männlich. In der Pubertät entwickelt sich das Kind zum Mann. Das Umfeld behandelt ihn wie einen Jungen und einen Mann.

SO WIRD EINE FRAU EINE FRAU – CHROMOSOMEN XX

Die Chromosomen XX bedeuten: die Genetik ist weiblich. Die weibliche X-Eizelle wurde mit einer weiblichen X-Samenzelle befruchtet. Die Entwicklung verläuft wie bei XY, nur erhält der Embryo kein Testosteron-Hormonbad. Erfolgt kein Befehl: »Mach es männlich«, wird es im Zweifelsfall immer weiblich (bleiben). Die Hirnstruktur ist weiblich. Gibt's keine (zufällige) Zugabe von männlichen Hormonen in der gesamten Hirnentwicklung (theoretisch), entsteht ein ganz und gar weibliches Gehirn. Die inneren wie die äußeren Geschlechtsorgane werden weiblich. In der Pubertät entwickelt sich das Mädchen zur Frau. Das Umfeld behandelt sie wie ein Mädchen und eine Frau.

SIND X-UND Y-CHROMOSOM EBENBÜRTIG?

Das Erbgut steckt in den Chromosomen im Zellkern. In der Regel besteht das Genom von Frauen und Männern aus 46 dieser fadenförmigen Gebilde, von denen je ein Paar das Geschlecht bestimmt: Frauen haben zwei XX-Chromosomen, Männer ein X- und ein Y-Chromosom. Der kleine Unterschied macht eineinhalb Prozent der DNA aus, gleichviel wie der Unterschied zwischen Mensch und Schimpanse.

Auf dem männlichen Y sitzen 32 bis 36 Gene. Auf dem weiblichen X hingegen sitzen mindestens 5000 Gene. Zum

Beispiel erbt ein Junge die Intelligenz von der Mutter, ebenso wie ein Mädchen, weil die genetische Voraussetzung der Intelligenz vom X kommt.[10] Auf dem Y-Chromosom sitzen diejenigen Informationen, die den Mann zum Mann machen.

Mann? Frau? Beides?

Was kann passieren? Auch wenn die meisten Menschen genetisch entweder Frau oder Mann sind, gibt es auch Abzweigungen und Sonderfälle. Die Grenzen zwischen den Geschlechtern sind fließend.

Das Ei ist immer weiblich. Mit ganz wenigen Ausnahmen. Das Ei hat also ein X. Verschmilzt das Ei mit einem Spermium, das ein X transportiert, entsteht XX – ein Mädchen. Transportiert das Spermium ein Y, entsteht ein Junge, also XY. XY-Individuen sind Männer, XX-Individuen sind Frauen. Doch die Regel hat Ausnahmen: Bei einer seltenen dritten Variante ist im Spermium weder X noch Y drin. Es entsteht ein Kind, aber mit unbestimmtem Geschlecht.

Frauen können auch ein X-Chromosom zu viel oder zu wenig haben, Männer ein X- oder ein Y-Chromosom zu viel. Unmöglich ist nur die Kombination YY, weil ein X-Chromosom für das Überleben in der Gebärmutter notwendig ist. Ohne »weibliches« X lebt nichts.

Es gibt Personen mit männlichem XY-Chromosomensatz ohne funktionstüchtige Hoden und Personen mit weiblichem XX-Chromosomensatz, aber männlichem Erscheinungsbild. Ständig werden neue Besonderheiten entdeckt, die nicht in das binäre Schema von männlich und weiblich passen. Manches, was man für unmöglich hielt, kommt in der Natur doch vor. Nämlich, dass Männer und Frauen nicht nur im Wesen, sondern auch in ihrer Biologie das jeweils andere Geschlecht in sich tragen können. Bei einem 70-jährigen Mann, Vater von vier Kindern, entdeckte man bei einer Leistenoperation in seinem Bauch eine Gebärmutter. Bei einer schwangeren Frau entdeckte man durch Fruchtwasseruntersuchungen, dass ihr eigener Körper zu einem großen Teil aus männlichen Zellen mit XY-Chromosomen besteht.[11] Jede hundertste Person hat irgendeine Art von Abweichung der Geschlechtsentwicklung.

Intergeschlechtlichkeit ist ein Oberbegriff, der zahlreiche angeborene Erscheinungsformen umfasst. Inter-Menschen können laut medizinischer Definition nicht eindeutig dem männlichen oder weiblichen Geschlecht zugeordnet werden. Ihre körperlichen Geschlechtsmerkmale sind weiblich und männlich gleichzeitig, in unterschiedlicher Ausprägung. Intergeschlechtliche lassen sich nicht alle in ein und dieselbe Schublade stecken. Manche erscheinen zunächst als männlich oder weiblich, und oft zeigt sich erst später im Leben, ob die- oder derjenige intergeschlechtlich ist.

Mediziner vermuten, dass eines von 4500 bis 5500 Neugeborenen mit einem nicht eindeutigen Geschlecht zur Welt kommt. Andere schätzen die Zahl deutlich höher ein. 2017 hat es das deutsche Bundesverfassungsgericht möglich gemacht, Intergeschlechtliche als »drittes Geschlecht positiv« im Personenstandsrecht eintragen zu lassen. Neben den üblichen Eintragungen männlich und weiblich ist ein weiterer Eintrag für »divers« nun amtlich.

FILMTIPP

→ **»Das Gleichstellungsparadox«** vom norwegischen Soziologen und Comedian Harald Eia

Inter* hat nichts mit der sexuellen Orientierung zu tun. Intergeschlechtliche Menschen mögen die Bezeichnung intersexuell meist nicht, auch wenn das die korrekte medizinische Bezeichnung ist und sich auf den Sexus, das Geschlecht, bezieht.

Dass die Genderfrage so groß wurde, liegt an der geschichtlichen Ungleichheit der Geschlechter. Sie ist auch der Grund dafür, dass es immer noch so wichtig ist, ob ein Junge oder ein Mädchen geboren wird. Und welche Katastrophe es noch immer vielerorts darstellt, wenn ein Kind diesen gesellschaftlichen heteronormativen »Vorgaben« nicht entspricht. Denn oft sind auch die Lebensmöglichkeiten und die Lebensbedeutung vorgegeben. Die Gesellschaft und ein Elternpaar geben dem Geschlecht kulturell bedingt diese Bedeutung. Die Marktwirtschaft zementiert die Geschlechter-Zweiteilung, indem sie bestimmte Farben, Kleiderschnitte, Spielsachen und Ähnliches einem bestimmten Geschlecht zuweist, weil sich so mehr Geld verdienen lässt.

Ich denke, es ist an der Zeit, sich mit den Anliegen der LGBTQI-Bewegung auseinanderzusetzen und die Abwehrreflexe beiseitezulegen. Es geht letztlich um Gerechtigkeit gegenüber einer Minderheit, als Teilaspekt allgemeiner Gerechtigkeit, um die auch Frauen als Mehrheit vielerorts immer noch kämpfen. Schön wäre, wenn niemandem mehr aufgrund des Geschlechts, der Identität und der sexuellen Orientierung (und Hautfarbe und Herkunft) gesellschaftliche Vor- oder Nachteile erwachsen würden und in der Folge jeder Mensch einen Lebensentwurf finden dürfte, der zu ihm oder ihr passt.

Natürlich lassen sich aber stereotype Unterschiede und Vorlieben weder wegreden noch wegzaubern. Ja, sie passen auf die Mehrheit der Menschen. Was aber dennoch nicht rechtfertigt, alle über einen Kamm zu scheren und eine große Anzahl Menschen zu überfahren, weil sie aus dem Raster fallen. Je unvoreingenommener Gesellschaft und Eltern bei der Entwicklung Ihrer Kinder sind, desto eher können sie ihre ganz eigene Identität entfalten.

Gelassenheit und Vertrauen sind auch hier die besten Ratgeber für Sie als Eltern. In der Entwicklung Ihres Kindes wird viel geschehen. Durch Experimentieren und Fantasie wachsen individuelle psychosoziale, sensomotorische und intellektuelle Kompetenzen. Bereits erworbene Fähigkeiten werden laufend weiter ausgebaut, Werte und Normen gestärkt. Und Sie dürfen fasziniert zusehen.

Heterosexuell, homosexuell – jenseits aller Schubladen

Fühlen sich Mann und Frau in sexueller Hinsicht zueinander hingezogen, nennt man das **Heterosexualität**. In den meisten Gesellschaften gilt das als normal, und die große Mehrheit der Menschen lebt auch so. Im Hinblick auf die Fortentwicklung der Menschheit war diese Form wichtig für die Fortpflanzung. In vielen Ländern und Gesellschaften ist es noch immer die einzige akzeptierte Form der Liebesbeziehung.

Je unvoreingenommener Kinder sich entwickeln können, desto eher können sie ihre Identität entfalten.

Fühlt sich ein Mann zu einem Mann (schwul) oder eine Frau zu einer Frau (lesbisch) hingezogen, spricht man von **Homosexualität**. Homosexuell empfindende Menschen werden in verschiedenen Teilen der Welt noch immer diskriminiert oder sogar verfolgt und getötet. Wenn sich jemand sowohl zu Männern als auch zu Frauen hingezogen fühlt, wird das als **Bi-Sexualität** bezeichnet. Weitere Formen der sexuellen Orientierung sind zum Beispiel Menschen, die überhaupt kein Interesse an Sex haben, sie heißen **asexuell**. Unter der Abkürzung **LGBTQI** (oder Varianten des Kürzels) vereinen sich Menschen, die sich jenseits aller Schulbaden verstehen: Lesben, Gays/Schwule, Bisexuelle, Transsexuelle, Queere, Intersexuelle.

Mit **Queer** sind alle geschlechtlichen Identitäten oder sexuellen Orientierungen gemeint, die von den Hetero-Normen abweichen.

Queer-Menschen erleben noch immer viel Leid, weil ihnen vermittelt wird, dass sie nicht in Ordnung sind, wie sie sind. Viele werden deswegen depressiv oder nehmen sich in ihrer Not sogar das Leben. Andere haben sich durch die Hinwendung zu Gott eine Änderung ihres Seins und Empfindens erhofft, und damit endlich inneren Frieden. Doch viele wurden nur noch mehr verletzt. Wie schön wäre es, wenn jeder Mensch mit dem Gefühl leben könnte, dass er oder sie ganz und gar gewollt, geliebt und in Ordnung ist.

»DU BIST GUT SO, WIE DU BIST. DU WIRST GELIEBT. UND GOTT LIEBT DICH. DU MUSST DICH NICHT VERÄNDERN.«

Julie Rodgers nennt sich selbst eine Überlebende der Konversionstherapie. Sie selbst hatte jahrelang in der größten dafür geschaffenen christlichen Organisation gearbeitet: Exodus. Die Organisation wurde nach über 30 Jahren aufgelöst und ihr damaliger Leiter sagte: »Wir wollten eine Gemeinschaft schaffen, aber wir haben den Menschen geschadet.« Julie Rodgers sagt zu ihrem Weg raus aus der Organisation: »Mir fehlte die Gemeinschaft. Aber ich musste gehen, um gesund zu werden. Mir war klar geworden, dass ich so krank und bedürftig war, weil es in meinem Leben nicht eine Person gab, die sagte: ›Du bist gut so, wie du bist. Ich liebe dich. Und Gott liebt dich. Du musst dich nicht verändern.‹«

FILMTIPP

→ Der Dokumentarfilm **»Pray Away«** (2020) von Kristine Stolakis

Die LGBTQI-Kategorien sagen nichts darüber aus, wie glücklich jemand in Bezug auf sein eigenes biologisches Geschlecht ist, wie stolz man auf die eigene Geschlechtlichkeit ist und wie gut man sie »bewohnt«. Deshalb ist Aufklärung so wichtig. Sie hilft dabei, sich nach und nach im Dschungel der Gefühle von Identität und Anziehung zurechtzufinden.

Ich träume von einer Welt, in der jeder Mensch sein und lieben, aussehen und anziehen kann, was und wie es ihm entspricht, ohne dafür herabgesetzt zu werden. Niemand müsste in eine bestimmte Schublade passen, selbst dann nicht, wenn es die Mehrheit der Menschheit sogar tut. Denn diese Mehrheit hätte die Großzügigkeit, einige Menschen anders sein zu lassen, als sie selbst es ist. Welche Erleichterung das wäre für die »Nicht-in-die-Schublade-Passenden«, wenn eine Gesellschaft sich von der Vorstellung verabschieden würde, dass alle Menschen in genau zwei Schubladen passen oder passend gemacht werden müssen: heterosexueller Mann und heterosexuelle Frau.

SEXUELLE KATEGORIEN SAGEN NICHTS ÜBER DAS GLÜCKLICHSEIN AUS!

Selbst dann würden wohl immer noch 75 Prozent der Menschen in das Weiblich-männlich-hetero-Schema passen. Doch die anderen 25 Prozent hätten eine bessere Chance, glücklich zu werden. Wie befreiend könnte es für alle Menschen sein, wenn sie Vielfalt anerkennen und damit umgehen lernen. Dann müssten keine homosexuellen Menschen mehr umgepolt werden (Konversionstherapien), noch müssten Trans- oder Intermenschen in ihrem Geschlecht und ihrem Genital hormonell und operativ angeglichen werden, außer, die jeweils Betroffenen würden es sich so wünschen.

VIELFÄLTIGE IDENTITÄTEN

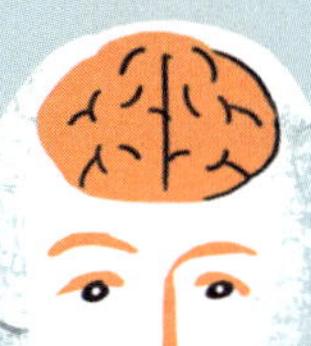

GESCHLECHTSAUSDRUCK

Wie sich eine Person anderen gegenüber präsentieren möchte, z. B. durch Kleidung, Haarschnitt, Interessen oder Hobbys.

Geschlechterrollen und was »maskulin« oder »feminin« gilt, ist überall und in jeder Epoche und Kultur unterschiedlich.

GESCHLECHTSIDENTITÄT

Mit welchen Geschlechtern sich eine Person identifiziert

Die Geschlechtsidentität hat nichts mit Genitalien, Körperteilen oder bestimmten Verhaltensweisen zu tun!

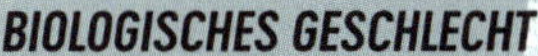

BIOLOGISCHES GESCHLECHT

Das Geschlecht, mit dem eine Person geboren wurde.

Es wird männlich, weiblich und intergeschlechtlich unterschieden.

SEXUELLE ORIENTIERUNG

Zu welchem oder welchen Geschlechtern sich eine Person hingezogen fühlt.

Heterosexuelle fühlen sich zum jeweils binären Geschlecht hingezogen. Homosexuelle zum gleichen Geschlecht. Bisexuelle zu sowohl als auch. Asexuelle spüren keine bis wenig sexuelle Anziehung.

Binarität und Transsexualität

Es gibt Menschen, die empfinden sich außerhalb der zweigeteilten Geschlechterordnung oder identifizieren sich weder eindeutig als das eine noch das andere Geschlecht und bezeichnen sich deshalb als genderqueer, bigender, nonbinär, genderfluid (fließend), pangender oder »third gender«. Binarität bedeutet: Entweder oder. Schwarz oder Weiß. An oder aus. Gut oder schlecht. Dazwischen gibt es nichts. Keine Nuancen, keine anderen Möglichkeiten, keine Überlappungen oder Veränderungen. So war lange Zeit das vorherrschende Geschlechterbild: entweder Mann oder Frau. Sonst nichts. Jungs als Piraten, Mädchen als Prinzessinnen.

Dieses Schwarz-Weiß-Denken wird der menschlichen Vielfalt allerdings nicht gerecht. Eigentlich wollen wir doch alle nicht »genormt« sein. Zum Beispiel darin, wie ein Körper auszusehen hat und welche Kleidung als angemessen gilt. Oder welche Eigenschaften und Fähigkeiten jemandem zugetraut und zugestanden werden – Mathe und Einparken oder Muffins backen und Eyeliner ziehen. Warum dann in Sachen Sexualität? Denn das Geschlecht hat viele Facetten, genau wie das Leben.

Man hört vor allem immer wieder von der Transgeschlechtlichkeit, weil es dabei oft auch um eine hormonelle und/oder operative Geschlechterangleichung geht. Transmenschen sind anhand ihrer Geschlechtsmerkmale biologisch eindeutig männlich oder weiblich, fühlen sich jedoch in ihrem männlichen Körper als Frau oder in ihrem weiblichen Körper als Mann. Daher wünschen sie sich, dem Geschlecht zugeordnet zu werden, zu dem sie sich zugehörig fühlen.

»Trans« hat nichts mit der sexuellen Orientierung zu tun, weshalb Trans-Menschen die Bezeichnung »transsexuell« nicht mögen. Auch »Transidentität« und »Transgender« trifft es für sie nicht, weil sich Ersteres nicht auf den Körper bezieht und Zweiteres eine soziale Definition ist. Transgeschlechtlichkeit beinhaltet aber sowohl die körperliche als auch die soziale Komponente. Trans ist der Versuch, einen nicht wertenden und nicht einteilenden Oberbegriff für das gesamte Trans-Spektrum zu finden.

- **Transfrau**: identifiziert sich als Frau, bei Geburt dem männlichen Geschlecht zugeordnet

- **Transmann**: identifiziert sich als Mann, bei der Geburt dem weiblichen Geschlecht zugeordnet

- **Crossdressing** meint Menschen, die sich entgegen ihres zugeordneten Geschlechts kleiden: Männer in Frauenkleidern oder Frauen in Männerkleidern. Interessanterweise ist Letzteres von der Gesellschaft absolut akzeptiert. Crossdressing-Menschen wünschen sich keine Geschlechtsangleichung.

Das Thema Geschlechtsangleichung bei **Geschlechtsdysphorie** ist ein Dilemma. Man kann das hormonell und/oder operativ angehen und braucht dafür eine ärztlich bescheinigte Diagnose. Sie heißt Geschlechtsdysphorie und bedeutet »fehlende Übereinstimmung«. Doch die Entscheidung zu einer Geschlechtsangleichung darf niemals leichtfertig oder vorschnell getroffen werden. Inzwischen sind Ärzte und eine Klinik in England von Eltern verklagt worden, weil sie ohne ausreichende wissenschaftliche Begleitung zu Transitionen geraten und diese auch ausgeführt haben. Die Betroffene Keira Bell sagt: »Transition war eine temporäre und oberflächliche Lösung für ein sehr komplexes Identitätsproblem.«[12]

Eine Weile dachte man, hormonelle Pubertätsblocker könnten die Lösung sein und den Betroffenen Zeit für die Entscheidung zum

Wunschgeschlecht verschaffen. Doch inzwischen wird bezweifelt, dass Pubertätsblocker das richtige Mittel sind. Man schließt nicht aus, dass die Behandlung das Problem auch verfestigen kann, das sich ohne Behandlung möglicherweise von selbst gelöst hätte. Die Konsequenzen einer Behandlung mit Pubertätsblockern sind tiefgreifend. Diese stoppen sowohl das körperliche Wachstum wie auch die Funktion der Gonaden – die Organe des menschlichen Körpers, in denen die Keimzellen für die Fortpflanzung und die Sexualhormone produziert werden – und somit die Weiterentwicklung der Geschlechtsmerkmale. Die Pubertät wird sozusagen vorübergehend »angehalten«. Wegen ihrer Nebenwirkungen können diese Medikamente aber nur eine begrenzte Zeit eingenommen werden. Und was dadurch an Entwicklung »normaler« körpereigener Pubertät angehalten oder unterdrückt wurde, kann nicht zwingend wieder vollständig in Gang gesetzt werden.

Wird die Angleichung oder Transition fortgeführt, werden entsprechende Geschlechtshormone gespritzt – und zwar für den Rest des Lebens. Die Auswirkungen einer Hormonersatztherapie und chirurgischer Eingriffe zur Geschlechtsangleichung sind unumkehrbar und können nicht rückgängig gemacht werden. Hormonersatztherapien führen sozusagen zu einer »entgegengesetzten Pubertät« und müssen daher lebenslang fortgeführt werden. Zwar können die Hormone wieder abgesetzt werden, die körperlichen Veränderungen, die sie verursacht haben, bleiben jedoch bestehen. Sprich, wenn ein Mensch die Geschlechtsangleichung später im Leben bereut, muss er oder sie damit leben, dass keine »Rückverwandlung« möglich ist. Medizinisch und therapeutisch werden diese Risiken gegen die Gefahren einer unbehandelten Gender-Dysphorie abgewogen, zum Beispiel eine erhöhte Selbstmordgefährdung.

Eine minimal kleine Anzahl von Menschen empfindet sich tatsächlich in ihrer Identität nicht übereinstimmend mit ihrem biologischen Geschlecht. Doch mit dem intensiveren gesellschaftlichen Fokus auf das Thema Genderidentität entsteht eine besondere Dynamik. Jugendliche, die in der Phase ihrer Identitätsfindung häufig sehr verunsichert sind, haben plötzlich eine weitere Möglichkeit, ihrer inneren (Entwicklungs-)Not nach außen Ausdruck zu verleihen, ähnlich wie mit Selbstverletzungen oder Anorexie jetzt durch Geschlechtsdysphorie.

Man sollte betroffene Jugendliche unbedingt ernst nehmen, darf diese Entwicklung aber auch kritisch sehen. Ein gewisser Nachahmungseffekt ist nicht auszuschließen. Die Geschlechtsdysphorie kann ein Weg sein, mit dem man im Rahmen der Selbstfindung auf sich aufmerksam machen und das Umfeld »alarmieren« will. Es können depressive oder andere psychische Probleme dahinterstecken. Einige Fachleute bekräftigen, dass ihrer Erfahrung nach eine tatsächliche Trans-Identität meist nicht erst als Laune in der Pubertät aufkomme, sondern in aller Regel viel früher zutage trete. Dasselbe lässt sich auch über Homosexualität sagen. Was sich also erst in der Pubertät als Identitätskrise oder sexuelle Anziehung zeigt, kann eine entwicklungsbedingte Identitätsverunsicherung sein.

Kinder und Jugendliche sollten also unbedingt viel Aufmerksamkeit und psychologische und psychiatrische Therapiemöglichkeiten bekommen. Sie sollten genügend Raum und Zeit haben, um wirklich ergebnisoffen über sich selbst und die eigene Identität nachzudenken. Sie als Eltern sind gefordert, eine »gründliche Identitätskrise« Ihres Kindes auszuhalten und es zu begleiten und auch Ihr Kind darin zu ermutigen.

Wir erleben in der Gesellschaft zwar mittlerweile eine größere Akzeptanz für Genderzwischenformen. Aber die »Phobien« und die Gewalt gegen »andersartige« Personen nehmen gleichzeitig auch zu. Das Problem ist meiner Meinung nach unser Drang zur Kategorisierung. Es ist sehr relevant, dass wir in die Freiheit gelangen und lernen, mit

Vielfalt zu leben. Vielfalt jeder Art. Vielfalt in das eigene Weltbild zu integrieren, hat nichts mit Gleichmacherei zu tun. Es bedeutet, destruktive Richtig-falsch-Haltungen abzulegen und einzugestehen, dass die Frage nach Identität komplexer ist, als man es vielleicht selbst gern hätte. Wir sehnen uns nach Einfachheit, nach Erklärbarkeit. Doch das Ziel sind Mündigkeit und Reife – bei der Erziehung und Aufklärung unserer Kinder, und auch bei uns selbst. Mündigen Menschen wird der Umgang mit Komplexität zugetraut. Also: Werden wir mündig. Und erziehen wir zur Mündigkeit.

BUCHTIPP

→ Einen fundierten Rundgang durch die Geschlechter-Thematik bietet das Begleitbuch **»Geschlecht jetzt entdecken«** zur Jahresausstellung im Stapferhaus in Lenzburg/Schweiz (NZZ Libro 2020).

»Und was ist mit meinem Kind?« Nicht jedes wilde Mädchen ist ein Junge und nicht jeder verträumte Junge ist deshalb ein Mädchen. Hier sind Sie gefragt, Ihr eigenes Schubladendenken auszuräumen und die Interessen Ihres Kindes unabhängig davon zu fördern, ob es der gesellschaftlichen Geschlechtskonformität entspricht. Ihr Kind wird es Ihnen danken, wenn es sich ausprobieren durfte. Und sollte es sich für untypische Hobbys oder Outfits entscheiden, stehen sie mutig zu ihm und halten Sie gemeinsam dem zu erwartenden Gegenwind stand. Eine unschätzbare Lernerfahrung für alle späteren Schwierigkeiten im Leben.

5 NICHT ALLES EASY – MEDIEN, PORNOGRAFIE, LOVERBOYS

Als Teenagereltern macht man sich oft Sorgen um die Zukunft seines Kindes. Versuchen Sie, sich nicht von Problemen, die vielleicht gar nicht auftreten, die Freude an der Teenagerphase verderben zu lassen. Sie selbst sind übrigens wahrscheinlich ebenfalls in einem »schwierigen Alter«, lebensphasenmäßig gesehen. Ja, die Wahrscheinlichkeit ist groß, dass Sie ab und zu vor Herausforderungen stehen werden. Gut möglich, dass sich die Jugendjahre Ihres Kindes nicht immer ganz so entspannt anfühlen werden. Der Trick ist, eine gesunde Balance zwischen Zuversicht und Gelassenheit und Hinschauen und Reagieren zu finden.

Ich gebe Ihnen einen guten Rat: Beurteilen Sie Gelingen oder Scheitern Ihrer Erziehungsbemühungen auf keinen Fall in dieser Lebensphase Ihres Kindes! Vertrauen Sie auf die Grundlagen, die Sie in den ersten zwölf Jahren gelegt haben, und gedulden Sie sich ein paar Jährchen. Falls Sie sich trotzdem zwischenzeitlich Sorgen machen, hilft es, sich einfach mal im Bekanntenkreis und bei anderen Erwachsenen danach zu erkundigen, wie diese Ihren Teenie erleben. Meistens können Sie auf diese Weise einen indirekten Blick auf ihre Erziehungserfolge »auswärts« erhaschen.

BEURTEILEN SIE GELINGEN ODER SCHEITERN IHRER ERZIEHUNG NICHT AN DER PUBERTÄTSPHASE!

Der zweite Teil dieses Buches, »Familie ist eine Werkstatt für die Persönlichkeit«, soll Ihnen helfen, die besten Voraussetzungen für sich und Ihren Teenager zu schaffen, um mutig durch diese nicht ganz einfache Zeit zu navigieren.

Instagram, TikTok und Pornografie – geschönte Wunderwelt

Selbstsicherheit, auch im Hinblick auf die Sexualität, ist die Grundlage dafür, sich selbst schön und gut zu finden. Und das ist durchaus nicht nur ein Frauenthema. Unrealistische Bilder in den sozialen Medien und Mainstream-Pornografie stellen einen brutalen Frontalangriff auf die sich entwickelnde Selbstsicherheit und Selbstakzeptanz von Jugendlichen in der Pubertät dar, und sie hängen eng zusammen.

Mehrere junge Männer waren bei mir in Beratung, die über nicht pornografische Bilder auf Instagram für Pornografie angefixt wurden. Die (un)sozialen Medien mit ihren geschönten, romantisierenden Bildern sind meistens die Pornos der Frauen, in ihrer erotisierten, sexuell expliziten Form die Pornos der Männer. Romantische Liebe und Pornos sind eigentlich ein- und dasselbe: Sehnsuchtsträume. Letztlich nur verschieden geartet. Pornos sind die romantische Erzählung aus einem anderen Blickwinkel. Sie träumt von Liebe, er von ständigem geilem Sex und einem bequemen Weg dahin. Abweichende Vorlieben von der Regel gibt es selbstverständlich bei allen Geschlechtern.

Die digitale Wunderwelt der gephotoshopten Körper macht nach vielen Seiten hin krank – Mädchen und Jungs. Besonders gefährdet sind auch junge Mütter, die sich oft von der gefilterten Bilderwelt komplett infrage stellen lassen und unzulänglich fühlen können. Ständig den eigenen Körper und das eigene Leben via Instagram oder TikTok mit dem von anderen zu messen, löst leicht eine Spirale des Unglücks aus. Wenn es nur noch darum geht, sich zu präsentieren, zu gefallen und dafür positives Feedback zu bekommen, sind Unsicherheit, ein verkorkstes Körperbild, Ängste und depressive Schübe garantiert. Das Problem verschärft sich noch, wenn Real-Life-Kommunikation – die Grundlage für Gemeinschaft, Freundschaft und gesunde Beziehungen – aus verschiedenen Gründen weniger stattfindet.

Eine geheime Studie von Facebook[13] hat enthüllt, dass intensiver Instagram-Konsum psychische Störungen hervorruft. Das »Wall Street Journal« titelte: »Facebook weiß, dass Instagram für Teenage-Mädchen toxisch ist«. Die Studie macht offenbar, dass die Plattform bei einer von drei Jugendlichen das Körperbild verzerrt und viele Teens – auch männliche – ihren Instagram-Konsum als eine Ursache für depressive Episoden und Angststörungen angaben. Doch Facebook und Instagram hielten das Problem unter dem Deckel und haben wohl auch nicht im Sinn, etwas zu ändern. Immerhin wurde der Plan, Instagram Kids (für Kinder unter dreizehn Jahren) anzubieten, ausgesetzt.

Die Jagd nach dem Instagram tauglichen Selbst ist eine echte Selbsterniedrigungskeule.

Immer mehr junge Menschen sind von körperdysmorphen Störungen betroffen. Wer an einer Dysmorphophobie leidet, beschäftigt sich intensiv mit einem oder mehreren wahrgenommenen Makeln seines Aussehens, vor allem im Gesicht, aber auch am Körper. Jugendpsychologische und jugendpsychiatrische Anlaufstellen sind überlaufen. Die depressiven Teenagermädchen und Jungmütter und unsichere, pornoschauende Jungs sehe auch ich in meiner Beratungspraxis.

Die Jagd nach dem Instagram-tauglichen Selbst ist nicht nur ein Lebenszeitfresser, sondern auch eine echte Selbsterniedrigungskeule. Die Selbstzweifel wachsen mit jedem Bilderpixel. Was geschönte Bilder auslösen können, ist schon jahrzehntelang bekannt: Selbsthass, ein gestörtes Körperbild, Unsicherheit, Essstörungen. Die Effekte der Filter und Retuschen verstärken diesen negativen Effekt. Retuschiert man alle Bilder von sich, erträgt man das kleine, hässliche Selbst im Spiegel bald kaum noch. Und es ist schnell eine mögliche Folge, dass man reale Begegnungen zu fürchten beginnt – weil die Filterkrücke fehlt. Teilweise werden Bilder sogar automatisch zwangsverschönert, ohne dass die User es überhaupt wollen oder bemerken.

Die psychischen Probleme haben sich durch den Druck der sozialen Medien potenziert. »Früher debattierte man über den schlimmen Einfluss von Barbies Körperproportionen«, sagt Teagan Simpson, selbst Influencerin und jetzt Aktivistin: »Eltern, habt ihr die Fotos gesehen, durch die sich eure Töchter täglich scrollen?«[14]

Psychisch stabile Jugendliche sind deutlich weniger gefährdet als solche mit schwachem Selbstwertgefühl und negativen Verhaltensmustern, zu denen der Dauervergleich mit unrealistischen Idealbildern gehört. Ungesunde Lösungsstrategien sind oftmals dünner werden, spritzen, operieren. Über die Hälfte der Menschen, die sich für kosmetische Chirurgie entscheiden, erwarten explizit, dass sie danach auf Selfies gut aussehen. Als Zielvorstellung bringen sie für die OPs Fotos von geschönten »Insta-Ichs« mit. Doch was soll man anderes erwarten in einer Zeit, in der junge Frauen zum Schulabschluss eine Brust-OP spendiert bekommen?

Intimbereich unter dem Skalpell

In jeder Lebensphase, in der man sich intensiv mit seinem Körper beschäftigt, ist man prädestiniert dafür, in die Falle der Körperoptimierung zu treten. Junge Frauen, weil sie einem bestimmten Körperbild nacheifern, Frauen ab Mitte dreißig, weil sich der Körper verändert, unter anderem auch durch Schwangerschaften, und älter werdende Frauen, weil sie mit dem Verfall hadern.

Längst hat die kosmetische Chirurgie auch den Genitalbereich erreicht. Natürlich kann es gute Gründe für operative Korrekturen geben. Doch meist geht es um ein gestörtes Körperbild. Frauen unterziehen sich freiwillig immer häufiger vollkommen unnötigen Eingriffen wie Labienverkleinerungen aus ästhetischen Gründen oder Angleichungen, um das Genital »sextauglicher« zu machen: »Meine Vagina ist zu weit, mein Partner spürt nichts« (*Vaginal Laxity*). Einerseits fordern Frauen Gleichberechtigung, andererseits lassen sie ihren Körper so formen, dass er den Männern gefällt (oder lassen sich nicht selten dazu drängen).

Der Zusammenhang zur Pornografie ist unbestritten. Dreißig Prozent des Internetverkehrs gehen aufs Konto der Pornoindustrie. Pornos formen nicht nur die Vorstellungen von Sexualität, sondern auch vom Körper: Der Penis riesig, die Brüste prall, die Vulva stromlinienförmig. Mit dem, was Menschen in ihrer realen Sexualität erleben, hat das alles sehr wenig zu tun. Ein sexuell zufriedener Mensch ist auch ein gesünderer Mensch, doch beim Sex kommt es nicht darauf an, wie es aussieht, sondern wie es sich anfühlt.

Damit sind wir auch beim Risiko von Operationen. Es kann sein, dass dadurch erotisches Potenzial vermindert wird. Jede Operation kann unempfindliches Narbengewebe oder chronische Schmerzen zur Folge haben. Wie tragisch wäre es, wenn man sich aus ästhetischen Gründen einen Teil seiner sexuellen Genussfähigkeit nimmt!

Medienerziehung ist Prävention

Teenies sind diesen Einflüssen fast ungefiltert ausgesetzt. Jugendliche nutzen die sozialen Medien über ihr Smartphone seit der Corona-Pandemie mehr als je zuvor. Das sagt die JAMES-Studie der *Zürcher Hochschule für Angewandte Wissenschaften*:[15] An einem Wochenendtag sind es durchschnittlich rund fünf Stunden – fast zwei Stunden mehr als noch 2018. Wochentags nutzen Teenager ihr Handy im Durchschnitt drei Stunden täglich. 98 Prozent haben mindestens ein Profil bei einem sozialen Netzwerk. Rund zwei von drei besuchen Instagram mehrmals täglich.

Für die Digitalkonzerne zählt nur der Klick, also generieren sie Klicks. Abhängigkeiten schaffen, ist ihr Programm, weil jeder Klick sich über Werbung zu Geld machen lässt. Für den Jugendschutz sehen sie sich nicht selbst in der Pflicht, sondern Politik, Gesellschaft, Eltern. Eben alle anderen, ja sogar die Kinder und Jugendlichen selbst. Der große Mythos, den soziale Plattformen seit ihrer Entstehung propagieren, ist, dass sie ein demokratischer Ort sind, an dem jede oder jeder er oder sie selbst sein und Gleichgesinnte finden kann. Doch das ist längst an der perfiden Logik der Algorithmen gescheitert. Es ist gefährlich, wenn Eltern, Lehrpersonen und die Politik Kinder und Jugendliche im Netz sich selbst überlassen.

KINDERN EINEN GESUNDEN UMGANG MIT DEN SOZIALEN MEDIEN ZU VERMITTELN, IST DIE BESTE VORBEUGUNG.

Kindern einen gesunden Umgang mit den sozialen Medien zu vermitteln, ist die beste Vorbeugung. Oft hängen verschiedene Themen unmittelbar zusammen und sind wiederum stark von der Werbung und den Medien geprägt. Dazu gehören auch Internetspiele. Wichtig sind auch Gespräche über Themen wie das Verhalten auf Partys, Alkohol, Drogen, Stress, Gewalt. Vor allem aber die ständige Verfügbarkeit extrem präsenter pornografischer Inhalte. All das wird Ihrem Kind früher oder später begegnen, und es kann besser darauf reagieren, wenn es sich vorher gemeinsam mit Vertrauenspersonen eine Meinung bilden konnte, wie es mit diesen Dingen umgehen will. Auch wenn Sie bisher mit Ihrem Kind nie über diese Dinge gesprochen haben, können Sie jetzt noch einen Kontrapunkt zur Flut der verschiedensten Einflüsse und Eindrücke setzen.

Verbote haben wie so oft auch hier eher den gegenteiligen Effekt. Besser ist es, altersgerecht gemeinsam mit dem Kind über eine gesunde Nutzung der sozialen Medien und den Internetkonsum zu entscheiden. Man kann bestimmte Inhalte blockieren und auch zeitliche Beschränkungen einrichten, was besonders bei jüngeren Kindern sehr zu empfehlen ist – aber auch hier ist ein offener Austausch über das Warum die beste Prävention. Dabei können Sie auch einen eher konservativen Standpunkt vertreten, damit sich Jugendliche über Sie aufregen und sich an Ihrer Meinung abarbeiten können. Die Erfahrung zeigt: Empfehlungen und Bedenken scheinen zwar vordergründig eher an den Jugendlichen abzuprallen, aber nicht selten setzen sie sich dann doch damit auseinander.

Am besten ist es, gemeinsame Abmachungen zu treffen, um den Umgang mit den sozialen Medien zu regeln. Dabei können Sie auch über die Folgen von Medien sprechen. Ihrem Kind muss klar sein, dass es auf Selfies auf Instagram auch negatives Feedback geben kann. Will es das wirklich und wie wird es damit umgehen? Und andersherum: Wie kommentiert Ihr Kind die Bilder von anderen? Wenn Ihre Beziehung zu Ihrem Kind es zulässt, reden Sie auch über die »härteren« Themen: Es ist unter Teenies gar nicht mal so selten, dass Nacktfotos per Nachricht ausgetauscht werden – hier gibt es viel Gesprächsbedarf über mögliche Konsequenzen: Warum werden solche Bilder verschickt? Was steckt dahinter? Was empfindet Ihr Kind dabei, wenn es ein Nacktfoto geschickt bekommt? Hat es schon einmal ein solches Foto von sich selbst gemacht/verschickt und mit welchem Ziel? Was, wenn so ein Foto herumgereicht oder gar veröffentlicht wird?

Insgesamt können Sie davon ausgehen, dass Ihr Kind mit sehr viel mehr und krasseren Dingen konfrontiert wird, als Sie ahnen. Ihre Aufgabe ist es, immer für mögliche Fragen Ihres Kindes da zu sein und ihm oder ihr zu vermitteln, dass er/sie nicht mit Schelte und Verboten konfrontiert wird, sondern mit Schutz, Angenommensein, verständnisvollem Zuhören und gutem Rat. Das gilt natürlich auch für andere erwachsene Vertrauenspersonen, Leitende in der Jugendarbeit, ältere Freundinnen und Freunde mit Vorbildwirkung.

Bilder sind Modelle für das Leben

Bei allen berechtigten Bedenken ist es natürlich völlig unrealistisch, sich der Bilderwelt zu verschließen, auch der erotischen. Bilder sind Modelle für das Leben. Sie beflügeln die Fantasie und die Kreativität. Das gilt auch in der Sexualität. Auch die Bibel malt uns im Hohelied Salomos erotische Bilder vor Augen. Wir brauchen reale Fotos, Bildbände, Filme, die Nacktheit und Sex in einer Form zeigen, die uns bereichert. Erotisch und aufklärend, aber nicht überidealisiert und weder abwertend noch gewaltvoll. Sonst überlassen wir Hollywood und der Pornoindustrie die Deutungshoheit darüber, was Schönheit und erfüllte Sexualität ist.

Überlassen wir Hollywood und der Pornoindustrie die Deutungshoheit darüber, was Schönheit und erfüllte Sexualität ist?

Über all das braucht es Gespräche mit den Jugendlichen. Vor allem entlastende. Denn zu diesem Zeitpunkt sind die meisten christlichen Teenager in ihrem Umfeld bereits damit konfrontiert worden, dass jede erotische Fantasie »unreine Gedanken« sind und sie schuldig geworden sind. Mit dem Erwachen der Sexualität stellen sich die erotischen Fantasiewelten aber automatisch ein und bilden die emotionalen und körperlichen Sehnsüchte ab. Manchmal kommen in diesen inneren Szenen reale Personen vor, etwa wenn man sich verliebt hat. Oder sie vermischen sich mit Szenen aus Filmen und Büchern, Bildern von angebeteten Idolen und eigenen Vorstellungen.

Pubertierende betreten durch diesen inneren erotischen Raum die Welt der Sexualität und verlassen sie zeitlebens nicht mehr. Für die Entwicklung und das Erleben von Sexualität ist dieser erotische Raum der Bilder sehr wichtig. Fantasie sollte niemals unter einem Generalverdacht stehen. Dennoch – der Weg zur Pornografie ist manchmal nicht sehr weit, schon auch aus Neugier, mehr zu erfahren. Und nur ein junger Mensch, der über den Unterschied aufgeklärt ist, kann auch damit umgehen.

TIPPS FÜR MEDIENERZIEHUNG UND JUGENDARBEIT

→ **www.jugendundmedien.ch**
→ Das Magazin des CVJM Württemberg **»Hotline«**, 2020/2. »Von der Schönheit der Sexualität«

Über Pornografie sprechen

Pornografie ist nicht nur für Erwachsene leicht zugänglich, auch viele Kinder und Jugendliche schauen im Netz Sexfilme oder entsprechende Bilder an – absichtlich oder eher versehentlich. Die meisten Jugendlichen sehen ihren ersten Porno im Alter zwischen 12 und 14 Jahren, manche schon viel früher.[16] Sie können die pornografischen Darstellungen von Sexualität nur schwer einordnen. Oft ist ihnen zwar bewusst, dass das, was dargestellt wird, keinen realen Sex abbildet (was wiederum von höherer Medienkompetenz zeugt, als wir ihnen zutrauen). Und nicht alles, was Menschen im Film sehen, wollen sie auch in der Realität ausleben. Meistens bleibt es eine Fantasie. Doch das heißt nicht, dass die Bilder sie nicht überfordern. Es hilft beiden Seiten, Kindern wie Eltern, über Pornos zu sprechen, um so auf das Gezeigte vorbereitet zu sein beziehungsweise es im Nachgang zu verarbeiten.

Sie können auf diese Weise auch Ihrer eigenen Angst vor der Übersexualisierung der Jugend am besten begegnen. Denn Studien[17] zeigen auch eine andere Realität: Teenager haben heutzutage tendenziell später und weniger Sex als vorhergehende Generationen. Oft haben sie sehr romantische Vorstellungen von Sex und Liebe. Trotzdem zeigt sich in denselben Studien auch immer wieder, dass Bilder aus Pornos in jungen Köpfen präsent sind und ungutes Vergleichen zur Folge haben.

Können Kinder und Jugendliche nicht über das Gesehene sprechen, entstehen Gefühle von Scham und die Vorstellung, dass mit ihnen etwas nicht stimmt. Ängste und Fragen wie: »Kann mein Körper das auch?« lassen Druck entstehen. Dem können Sie vorbeugen, indem Sie Pornos nicht zu einem großen Geheimnis stilisieren. Zunächst ist es wichtig zu vermitteln, dass sowohl Ekel als auch Erregung ganz normale Reaktionen auf pornografische Inhalte sind. Verzichten Sie ganz grundsätzlich auf eine wertende Sprache, die in gut und schlecht unterteilt.

Auf keinen Fall sollten Sie mit Kindern und Jugendlichen zu Aufklärungszwecken Pornos anschauen. Das ist übrigens strafbar. Was junge Menschen brauchen, ist eine umfassende, sex-positive und queer-inklusive sexuelle Bildung, damit sie eben nicht in Pornos nach Antworten auf ihre Fragen suchen müssen – denn diese Antworten sind selten hilfreich. Heranwachsende sollten wissen, dass Sex nicht immer so abläuft wie im Porno. Dass nicht alle Genitalien so aussehen wie im Porno. Dass man keinen Analsex haben muss und dass, wenn man es will, dieser in Wirklichkeit Übung und Vorbereitung benötigt. Dass man überhaupt nichts tun muss, was man nicht will. So können Sie vermeiden, dass Vorstellungen von Sex entstehen, die vor allem Druck ausüben. Denn Pornos beeinflussen ganz klar das Sexualverhalten.

Wobei, das gilt für alle Medien! Auch Hollywood-Filme und Netflix-Serien prägen unsere Vorstellungen von Liebe, Partnerschaft und Sexualität. Mit ihnen gehen wir als Gesellschaft deutlich weniger hart ins Gericht. Doch ihr Einfluss auf unsere Geschlechterrollen- und Körperbilder sind oft genauso katastrophal. Schönheitsideale und Sexismus wurden nicht von der Pornoindustrie erfunden. Aber Pornografie und gewaltvolle Sexualität spiegelt eben auch die Gesellschaft. Genau wie Frauenfeindlichkeit und Leistungsdruck. Gewalt, Abwertung, Ausbeutung, Standardisierung von Sexualität, Ekelgefühle und Leistungsdruck – das sind alles wichtige Themen, über die Sie mit Ihren Kindern sprechen sollten. Sie sollten wissen, dass die Latte des Hochleistungssex, der in Pornos gezeigt wird, unrealistisch und nicht erstrebenswert ist. Grenzüberschreitungen sollten deutlich werden: Gewaltpornografie, Pornografie mit Kindern, Tieren, Fäkalien. Es geht darum, dass Ihre Kinder nicht nur illegale Pornografie meiden, sondern diese auch Eltern, Schulleitung, der Polizei melden, wenn sie so etwas zugeschickt bekommen oder damit bedrängt werden. Das ist nicht so einfach, doch es fällt leichter, wenn zuvor schon über problematische Inhalte und Grenzüberschreitungen gesprochen wurde.

Schönheitsideale und Sexismus wurden nicht von der Pornoindustrie erfunden. Aber sie spiegelt die Gesellschaft.

Wichtig ist auch das Reden darüber, dass übermäßiger Pornokonsum zur sozialen Isolation führt und die Gefahr steigt, Freundschaften zu vernachlässigen. Langeweile, Frust, soziale Isolation, gedrückte Stimmung und Stress können andersherum auch Auslöser für ein hypersexuelles Verhalten sein. Und Selbstbefriedigung kann auch hypersexuell werden. Besonders Jungs sollten wissen, dass übermäßiger Pornokonsum einer der Haupttreiber für Sexsucht ist. Was ist die Definition von Sucht? Ein ständiges Verlangen, dem man seine gesamte Zeit, seine Gedanken, seine Beziehungen und seine Finanzen opfert. Sich einmal täglich selbst zu befriedigen, ist also kein Suchtverhalten.

Eine unangenehme Konsequenz übermäßigen Pornokonsums und übermäßiger Selbstbefriedigung können auch schon bei jungen Männern tatsächlich Erektionsstörungen sein. Dabei wird der Erregungsreflex desensibilisiert. In der Folge brauchen Betroffene immer extremere Bilder, damit ihre Erregung weiterhin gesteigert werden kann oder überhaupt noch funktioniert. In einer Beziehung kann übermäßiger Pornokonsum dazu führen, dass beim Sex mit der echten Frau das »System« nicht mehr auf die natürlichen Reize anspringt. Weil der Kopf gefangen ist in der Fantasie und in Äußerlichkeiten und keine Verbindung mehr zum eigenen Körper herstellt.

AUFKLÄRUNG UND INFORMATION

→ **www.jugendundmedien.ch/themen/sexualitaet-pornografie**
→ **www.schau-hin.info**

Spätestens, wenn manche das Gesehene Realität werden lassen möchten, können Webcam-Sex und Prostitution ins Spiel kommen. Personen mit Neigung zu sexuellem Risikoverhalten können übergriffig werden und möglicherweise Straftaten begehen. Auch diese Gefahren wachsen, wenn sie totgeschwiegen oder tabuisiert werden.

Loverboys

Jede junge Frau sollte während der Schulzeit mindestens einmal von der Loverboy-Gefahr gehört haben und so die Chance bekommen, die entsprechenden Anzeichen zu erkennen. Die sogenannten Loverboys spielen die große Liebe vor, um danach ihre Opfer schamlos auszubeuten. Das Muster ist immer dasselbe: Zuerst durch Manipulation gefügig machen, dann manipulieren. Häufig beginnt es ganz harmlos, mit einem Flirt, oft über soziale Chatplattformen oder persönliche Nachrichten in den sozialen Medien. Loverboys lauern im Internet, aber auch in der Schule, an Bus- und Bahnhöfen, in Jugendeinrichtungen oder einfach auf der Straße. In der Regel sind die Opfer weiblich und zwischen 12 und 18 Jahren alt. Doch auch erwachsene Frauen können zur Zielscheibe werden. Loverboys sind häufig Männer im Alter zwischen 18 und 30 Jahren. Doch auch Frauen (Lovergirls) beuten Jungen oder Männer auf diese Weise aus. Im Grunde kann es jeden Menschen treffen.

Loverboys sind sehr geschickt darin, Opfer von sich emotional abhängig zu machen. Zu Beginn zeigt sich der scheinbar nette Mensch von seiner allerbesten Seite und tut alles dafür, eine Liebesbeziehung in Gang zu bringen. Er scheint der perfekte Traumpartner zu sein: aufmerksam, vertrauenswürdig und herzlich. Schnell redet er von einer gemeinsamen Zukunft und verspricht die Welt. Später erzählt er dann von Geldsorgen und schottet das Opfer immer mehr von deren Familie und Angehörigen ab. Dann fängt er gezielt an, als Liebesbeweis Gefälligkeiten zu fordern. Er nötigt das Opfer zu Sex gegen Geld oder verlangt, dass es mit ihnen oder Fremden Pornos dreht. Oder er verwickelt sein Opfer in Drogenschmuggel oder Waffenhandel.

Fast alle Frauenberatungsstellen kämpfen mit solchen Geschichten, und oft dauert es sehr lange, bis die Betroffenen überhaupt verstehen, dass sie Opfer eines Loverboys sind. Viele schämen sich, haben Angst vor der angedrohten Gewalt und Erpressung und vertrauen sich deshalb niemandem an. Auch Polizei und Justiz sind häufig hilflos. Kaum ein Opfer traut sich, gegen seinen Loverboy auszusagen. Einen Prozess gibt es nur, wenn nachgewiesen werden kann, dass der Loverboy seine Opfer zur Prostitution gezwungen hat.

Es ist meist sehr schwer zu erkennen, wenn jemand einem solchen Loverboy aufgesessen ist. Meist führen die Opfer ein Doppelleben aus Lügen und Verstecken. Und zugleich verändern sie sich stark. Einige leiden an Depressionen oder Stimmungsschwankungen. Sie wirken unsicher und haben ein geringes Selbstwertgefühl. Manche werden aggressiv. Manchen ist bewusst, was sie da tun, anderen nicht. Fast scheint es so, als hätten sie keine eigene Identität mehr.

Folgende Merkmale[18] können Hinweise darauf sein, dass eine Person in die Fänge eines Loverboys geraten ist. Dieselben Indikatoren können aber auch auf ganz normale Teenager zutreffen und müssen deshalb im Zusammenhang betrachtet werden, vor allem wenn ein neuer »Freund« im Spiel ist.

- Ununterbrochenes Chatten und häufiges Ausgehen
- Jugendliche/r verfügt plötzlich über viel Geld und teure Sachen
- Viele Fehlzeiten in der Schule, unstimmige Begründungen, schlechtere Noten
- Verändertes Verhalten, Rückzug von Eltern und Freunden
- Verändertes Aussehen: provokativ und sexy
- Niedriges Selbstwertgefühl, Identitätskrise
- Schmerzen im Unterleib, Blutungen, psychosomatische Beschwerden
- Depressionen, Selbstverletzungen

Was kann man bei einem Verdacht tun? Es gibt Fachstellen, die anonym und vertraulich helfen. Wenn Ihnen etwas verdächtig vorkommt – gehen Sie lieber einmal zu oft zur Polizei!

HILFE IN DEUTSCHLAND

In Deutschland unterstützt und berät der Weiße Ring Kriminalitätsopfer **www.weisser-ring.de**. Ebenso Ecpat Deutschland e.V. – die Arbeitsgemeinschaft zum Schutz der Kinder vor sexueller Ausbeutung **www.ecpat.de**. Das deutsche Bundeskriminalamt gibt außerdem viele hilfreiche Infos zu Angeboten für Betroffene und zum Ablauf von Ermittlungsverfahren **www.bka.de**.

HILFE IN DER SCHWEIZ

Beratungs- und Schulungszentrum Menschenhandel und sexuelle Ausbeutung ACT21: anonyme Hotline: 0840 212 212 oder anonym per Meldeformular.[19]

HILFE IN ÖSTERREICH

In Österreich gibt es ebenfalls eine Ecpat-Organisation für die Bekämpfung von sexueller Ausbeutung von Kindern **www.ecpat.at**. Hilfreich ist auch eine Broschüre des österreichischen Bundeskriminalamts, siehe Anhang.[20]

OPFERBERATUNGSSTELLEN

Weitere Hilfe bieten Beratungsstellen für Opfer von sexueller Gewalt, die Opferberatungsstellen. Solche gibt es sowohl für Frauen und Mädchen wie auch für Männer und Jungen, in der Schweiz, in Deutschland und Österreich.

EIN RUNDGANG DURCH MEINE KLEINE HANDBIBLIOTHEK

ÜBERBLICK

Für die Aufklärung gibt es viele gute Bücher und andere Medien als Hilfsmittel. Unter anderen dieses Buch hier und das dazugehörige Aufklärungsbuch für Teenager »Sex. Alles, was dich interessiert!«. Darin finden auch Sie selbst vielleicht noch unbekannte Informationen und können die Inhalte auch schon viel jüngeren Kindern zugänglich machen.

Kinder sollten ihrem Alter entsprechende realistische, gern auch humorvolle Darstellungen von nackten Körpern, dem Geschlechtsakt und den Geschlechtsteilen sehen können, um Sexualität zu begreifen. Die Zeiten, in denen Eltern harmlose Sexszenen in einem Film vorspulen, sind hoffentlich vorbei. Kinder haben eine ganz natürliche Neugierde und ein natürliches Scham- oder Ekelgefühl, das sie auch ungefiltert äußern. Sie rufen »Bäh!«, wenn sie das Bild eines Geschlechtsteils sehen, kichern, schauen hin oder auch weg – das war's dann auch schon. Für Plüschvagina und Holzpenis als Anschauungsmaterial in der Schule sind sie vielleicht sogar besser gerüstet als die Eltern.

Vor allem für Kleinkinder finden Sie im Buchhandel viele ausgezeichnete Bilderbücher, sowohl christliche wie säkulare. Leider gibt es für Schulkinder und Jugendliche wenig christliche Aufklärungsliteratur, die fachlichen Kriterien standhält. Ein paar Qualitätsmerkmale sind:

- Wird die Klitoris als weibliches Lustorgan überhaupt erwähnt und wird den Informationen darüber genügend Aufmerksamkeit geschenkt?
- Wird Selbstbefriedigung positiv bewertet?
- Ist der Tonfall des Buches wertschätzend gegenüber Sexualität und nicht problemorientiert?

Selbstaufklärung für Teenager findet heute zunehmend im Internet statt. Es gibt YouTube- und Instagram-Kanäle, die das Thema gekonnt behandeln und die »Bravo« längst abgelöst haben. Wenn Sie von denen noch nichts wissen – Ihr Teenie kann Ihnen da sicher auf die Sprünge helfen.

BILDERBÜCHER FÜR KLEINKINDER UND UNTERSTUFENKINDER

→ Katharina Schönborn-Hotter, Lisa Sonnberger, Flo Staffelmayr und Anna Horak: **Lina die Entdeckerin** (Achse Verlag 2020). Eines der ganz wenigen Kinderbücher für Mädchen, das auch den vaginalen Innenraum und die Klitoris zum Thema macht.

→ Alle von Dagmar Geisler illustrierten Bücher, zum Beispiel **»Ganz schön aufgeklärt«** (Loewe Verlag 2017), **»Das bin ich – von Kopf bis Fuß«** (2003), **»Mein Körper gehört mir«** (2011), **»Mein erstes Aufklärungsbuch«** (2012)

BÜCHER FÜR MITTELSTUFENKINDER

- Die Bücher von Katharina von der Gathen und Anke Kuhl sind empfehlenswert: **»Klär mich auf«**, **»Klär mich weiter auf«** und **»Any Body. Dick & dünn & Haut & Haar – das große ABC von unserem Körper-Zuhause«** (Klett Kinderbuch 2014/2021).
- Vor allem auch Jungs lieben die **»Titeuf«**-Comics des Schweizer Comic-Zeichners Zep (Philippe Chappuis) besonders Band 0: **Gott, Sex und Hosenträger** (Carlsen 2001)
- Weshalb nicht auch sich selbst humorvoll aufklären? Die drei Bände **»Happy Sex«**, **»Happy Parents«** und **»Happy Girls**« von Zep sind für Erwachsene gedacht (Splitter-Verlag 2010–2015).

AUFKLÄRUNGSBROSCHÜREN FÜR KINDER ZUM SELBERLESEN

- Alex Frith, Adam Larkum et al.: **Was Jungs wissen wollen. Das Jungenfragebuch** (Ravensburger 2008)
- Susan Meredith, Nancy Leschnikoff et al.: **Was Mädchen wissen wollen. Das Mädchenfragebuch** (Ravensburger 2008)
- Lizzie Cox, Damien Weighill et al.: **Nur für Girls. Alles, was du wissen musst** (Ravensburger 2018)
- Lizzie Cox, Damien Weighill et al.: **Nur für Boys. Alles, was du wissen musst** (Ravensburger 2018)

DAS MFM-PROJEKT

Das sexualpädagogische MFM-Präventionsprojekt bereitet 10- bis 12-jährige Mädchen und Jungen in geschlechtergetrennten Tagesworkshops behutsam und altersgerecht auf die Veränderungen in der Pubertät vor. Der Leitgedanke des MFM-Projekts® ist: »Nur was ich schätze, kann ich schützen«. Musik, farbenfrohe Materialien und aktives Mitmachen ermöglichen den Teilnehmenden das Lernen mit allen Sinnen, um körperliche und seelische Veränderungen während der Pubertät kennenzulernen und zu verstehen. Einziger Wermutstropfen am Programm: Sexualität wird nicht thematisiert.

- **www.mfm-projekt.ch** (Schweiz)
- **www.mfm-programm.de** (Deutschland)
- **www.oegs.info** (Österreich)
- Dr. med. Elisabeth Raith-Paula: **Was ist los in meinem Körper? Alles über Zyklus, Tage, Fruchtbarkeit** (Knaur 2019)

INTERAKTIVE WISSENSVERMITTLUNG FÜR TEENAGER UND ELTERN

- **www.sexualpaedagogik.at/sex-we-can/**
- **www.lilli.ch**

DIE BESTEN GIRLS-BÜCHER ZU ZYKLUS, MENS UND KÖRPERBILD

- Nina Brochmann, Ellen Støkken Dahl: **Viva la Vagina** (Fischer 2018)
- Nina Brochmann, Ellen Støkken Dahl: **Schamlos schön** (Dressler 2020)
- Luisa Stömer, Eva Wünsch: **Ebbe & Blut. Alles über die Gezeiten des weiblichen Zyklus** (Goldmann 2018)

FÜR JUNGS-ELTERN

Reinhard Winter: **Jungen und Pubertät. Ein Elternbuch** (Beltz 2020)

6 FAMILIE – WERKSTATT FÜR DIE PERSÖNLICHKEIT

Familie ist eine Werkstatt für Persönlichkeit und Sie als Eltern können Ihren Kindern die Erfahrung von Kompetenz und Kontrolle über sich selbst ermöglichen. Das Wichtigste dabei ist eine haltgebende Eltern-Kind-Beziehung als sichere Lebensbasis voller Achtung, Verständnis, Akzeptanz, Wertschätzung, Sympathie, liebevollen Umgang, Grenzen und Strukturen, auf der Kinder ihre Lebenskompetenzen aufbauen können. Das Ziel ist die Selbstständigkeit des Kindes. Deshalb sollten Sie als Eltern grundsätzlich davon ausgehen, dass Ihr Kind eigene Lösungsmöglichkeiten entwickeln kann. Dabei hilft der Satz: »Tu nichts, was dein Kind selbst tun kann.« Denn wenn sich Ihr Kind mehr zutraut, kann es auch mehr und entwickelt Widerstandskraft (Resilienz).

WENN SICH IHR KIND ETWAS ZUTRAUT, ENTWICKELT ES WIDERSTANDSKRAFT.

Auch die Glaubensvermittlung in der Familie sollte diesen Kriterien entsprechen. Ein tragender Glaube macht ein Gehaltensein in Gott und seine umfassende Liebe erfahrbar. Im guten Fall erleben Kinder durch den Glauben Bindung und Orientierung, spüren Annahme und Anerkennung und erfahren Vergebung. Was Sie tun können, um einen solchen Glauben zu vermitteln, sind ehrliche, offene und vertrauensvolle Gespräche, sowohl über Gewissheiten als auch über Zweifel, Brüche und Widersprüche in Ihrem eigenen Leben und Glauben. Kinder und Jugendliche sollen aus Ihrem Lebensentwurf für sich selbst Hoffnung schöpfen können und sich mit Stärken und Schwächen akzeptieren lernen.

So ermutigen und befähigen Sie Ihr Kind dazu, dass es zu grundsätzlichen Lebens- und Glaubensfragen eigene tragfähige Standpunkte finden und kompetente Entscheidungen über wichtige und unwichtige, gefahrvolle und unbedenkliche, falsche und richtige Möglichkeiten fällen kann. Der Glaube kann dabei hoffentlich die

Grundlage für eine lebensbejahende Haltung sein, die Persönlichkeit auf dem individuellen Weg der Entwicklung stabilisieren und die Identität des jungen Menschen stärken.

Das Zuhause als sicherer Ort – den freien Willen entdecken

Der »Sichere Ort« ist ein stehender Begriff in der Sozialpädagogik. Er umschreibt die Voraussetzung dafür, dass Kinder zu selbstbestimmten, toleranten und kompetenten Erwachsenen heranreifen, die über ein stabiles, ausgewogenes Selbstgefühl verfügen und einen hohen Grad an Selbstwirksamkeit besitzen. Wie können Sie das erreichen? Indem Sie vor allem einen Ort schaffen, an dem sich Kinder und Jugendliche vorbehaltlos aufgehoben und geborgen fühlen – eben einen sicheren Ort. Entscheidend dafür ist, was Kinder im Alltag erleben. Sicher fühlen sie sich dann, wenn das, was passiert, für sie vorherseh- und vorhersagbar ist. Deshalb sind auch transparente Abläufe, feste Rituale und eine geordnete Umgebung wichtig. Erleben Kinder täglich einen sicheren äußeren Ort, sind sie in der Lage, auch in sich selbst einen sicheren Ort aufzubauen.

Erleben Kinder einen sicheren äußeren Ort, können sie auch in sich selbst einen sicheren Ort aufbauen.

Kinder und Jugendliche brauchen aber nicht nur verlässliche Zuwendung. Sie müssen die Abhängigkeit von ihren Eltern und Vertrauenspersonen immer wieder infrage stellen und sich ein Stück weit aus ihr herauslösen dürfen, sodass Raum für persönliches Wachstum und Entwicklung entsteht. Die Kunst für Sie als Eltern besteht darin, diese sich wiederholenden notwendigen Ablösungsprozesse zuzulassen und zu ertragen.

Deshalb, und obwohl Sie vermutlich versucht sind, sollten Sie sich nicht dazu verleiten lassen, Dinge über den Kopf Ihres heranwachsenden Kindes hinweg zu entscheiden. Gerade der freie Wille ist ein von Anfang an gegebenes Schöpfungsmerkmal des Menschen. Teenager brauchen unbedingt das Gefühl von Autonomie und Selbstwirksamkeit, aber gleichzeitig auch Zugehörigkeit. Ihre Tochter oder Ihr Sohn will erleben, dass es Sie interessiert, wie es ihr/ihm geht, was sie/ihn beschäftigt, was sie/er sich wünscht, worüber sie/er sich ärgert. Er oder sie muss davon ausgehen können, dass Sie zusammen Lösungen für die alltäglichen Bedürfnisse und Nöte suchen, die ihm oder ihr sagen: »Ich kann etwas entscheiden, ich kann etwas bewirken, ich gehöre dazu, ich werde wertgeschätzt.« Auf dieser Grundlage einer konstanten, berechenbaren Umgebung wird es für eine/n Heranwachsende/n erst möglich, sich weiterzuentwickeln und mit Emotionen umgehen zu lernen.

Teenager brauchen das Gefühl von Autonomie, aber gleichzeitig auch Zugehörigkeit.

Kommt Ihr Kind in die Pubertät, erliegen Sie hoffentlich nicht der Versuchung, den drohenden Auseinandersetzungen auszuweichen oder in allen Dingen nachzugeben. Denn damit verliert Ihr Teenie die dringend benötigte Sicherheit. Grenzen geben Halt. Es ist wichtig, dass Sie eine solide und verlässliche Bezugsperson bleiben, auch wenn Ihre Nerven dabei zeitweise arg strapaziert werden. Auch und gerade dann, wenn Ihr Teenie Grenzen austestet und Sie provoziert. Jugendliche brauchen diese Form von pädagogischem Widerstand, der sie zwingt, sich mit ihren Impulsen und oft auf schnelle Bedürfnisstillung abzielenden Verhaltenstendenzen auseinanderzusetzen.

Der »Trick« ist, diese Auseinandersetzungen und Reibereien nicht persönlich zu nehmen! Je sicherer sich Heranwachsende fühlen und je mehr sie sich ernst genommen und selbstwirksam erleben, desto besser können sie lernen, ihre Emotionen zu verstehen und angemessen mit ihnen umzugehen. Das gelingt nur in einer Vertrauensbeziehung. Gute Beziehungserfahrungen sind auch eine wichtige Voraussetzung für die neurobiologisch gesunde Entwicklung des Gehirns. Etwa 85 Prozent der Jugendlichen sind durch die ausgedehnten »Umbaumaßnahmen« in der Pubertät gar nicht in der Lage, darüber nachzudenken, wie sie nach außen wirken und was ihr Verhalten für Konsequenzen haben könnte. Deshalb sind sie auch (zu) risikofreudig. Der Bereich des Gehirns, der für die Abschätzung von Konsequenzen zuständig wäre, ist gerade im Umbau begriffen und außer Gefecht gesetzt. Auch die für Reflexion, Selbstbeherrschung und Einsicht nötigen Verbindungen funktionieren in den Renovierungsjahren nicht oder anders. Sehen Sie die Pubertät als das, was sie ist: eine Art umfangreicher Optimierungsprozess des Gehirns. Wenn Sie mehr zu diesen Hintergründen wissen wollen, googeln Sie einfach mal die Begriffe »Gehirn«, »Pubertät«, »Baustelle«.

Es ist alles eine Frage des Gleichgewichts, das Sie halten: Zugewandt bleiben und das Kind gleichzeitig machen lassen; Vorbild sein und gleichzeitig Mitbestimmung ermöglichen; offene Ohren und Arme anbieten und gleichzeitig die Ablösung aushalten. Das befähigt zum Leben. Das ist der Sichere Ort.

Gut genug reicht

Damit (Sexual-)Erziehung gelingt, lohnt es sich, die eigene grundsätzliche Haltung zum Kind und zur Elternschaft zu reflektieren. Erziehung ist viel eher eine Haltungsfrage als eine Methodenfrage. Erziehung ist zwar wichtig, aber viel wichtiger ist Beziehung – oder eben eine erziehende Beziehung. »Aus Erziehung wird Beziehung« heißt deshalb ein Erziehungskleinod von Jesper Juul.[21]

Wir leiden zeitgeistbedingt an hochgradigem Optimierungswahn. Familie und Erziehung sind davon nicht ausgenommen. Es ist unglaublich entlastend, wenn Sie es in der Erziehung und Sexualerziehung zwar gut machen wollen, aber auch nicht mehr. Gut genug reicht! Denn wenn Sie es besonders gut oder gar perfekt machen wollen, kann es sein, dass Sie vor lauter Versagens- oder Fehlerangst gar nichts anpacken. Oder Sie lösen vor allem Stress aus, und zwar auf allen Seiten. Ein wunderbares Buch, das diesem Vollkommenheitsstress entgegenwirkt, ist »Der Bullerbü-Komplex. Die Kunst, es gut sein zu lassen« von Lars Mandelkow.[22]

ERZIEHUNG IST VIEL EHER EINE HALTUNGSFRAGE ALS EINE METHODENFRAGE.

Was heißt »gut genug«? 75 Prozent reichen! Wenn es Ihnen in 75 Prozent aller Fälle gelingt, sich so zu verhalten, wie Sie es sich vorgenommen haben, ist das gut genug. Wenn sich Ihr Kind in 75 Prozent aller Fälle an die Familienregeln hält, ist das gut genug. 75 Prozent Gelingen in 20 Jahren Eltern-Kind-Leben ist realistisch, alles andere ist total überzogen. »Gut genug« reicht auch in Bezug auf Sie selbst – Sie müssen nicht perfekt sein, nicht immer alles geben und ständig nur leisten. Wenn Sie in 75 Prozent der Zeit Ihres Lebens glücklich sind, ist das gut genug. Sie sind gut genug! Den Optimierungswahn loszulassen, gibt Ihnen mehr Muße im Familien- und Paarleben und viel mehr Gelassenheit.

Verlässliche Partner

Kinder fühlen sich sicher und zu Hause, wenn sie Erwachsene auch in Konfliktsituationen als verlässlich, berechenbar, konstant und kompetent erleben. Auch die Wahrung eigener und anderer Grenzen gehört zur Vermittlung von Sicherheit. Das betrifft den respektvollen und ehrlichen Umgang miteinander, die Akzeptanz von persönlichen Grenzen des Gegenübers – egal, ob erwachsen oder noch Kind – und den Respekt vor Besitz und Körper eines anderen Menschen.

Die größte Herausforderung im Alltag ist es, Grenzen sinnvoll durchzusetzen. Wir alle tendieren entweder zu Nachlässigkeit oder zu Überreaktionen – oder zu beidem. Kinder wünschen sich aber eine für sie nachvollziehbare Logik in Reaktionen und Handlungen. Es ist immer hilfreich, Ermahnungen und Aufforderungen ruhig, in bestimmtem Ton und in wenigen klaren und unmissverständlichen Worten auszudrücken. Sollte das nicht reichen, ist womöglich eine logische Konsequenz angebracht. Soweit die Theorie. Tatsächlich ist es jedoch eine Kunst, die gesunde Mitte zwischen Nachlässigkeit und Überreaktion zu finden, geschweige denn die richtigen Worte.

Die wichtigste pädagogische Frage lautet immer: »Was lernt mein Kind, wenn …?« Wenn ich mich auf eine bestimmte Weise verhalte, handle oder reagiere? Ein einfaches Beispiel: »Was lernt mein Kind, wenn ich bei Quengeln immer nachgebe?« Lerneffekt: »Ich muss nur lange und laut genug schreien, dann bekomme ich, was ich will.« Ein komplexeres Beispiel: »Was lernt mein Kind, wenn ich über gewisse Themen nicht reden kann?« »Was lernt es, wenn ich etwas ankündige, dann aber nicht durchziehe?«

Mit großer Wahrscheinlichkeit lernen Kinder zudem nicht das, was wir eigentlich bezwecken. Straft man beispielsweise übermäßig (bewusst oder weil die Sicherungen durchbrennen), in der Annahme, das würde das Kind beeindrucken und sein Verhalten verändern, kann das nach hinten losgehen. Ein unsicheres Kind kann dadurch noch ängstlicher und vermeidender werden, ein starkes Kind beschließt, nächstes Mal noch schlauer zu sein und sich nicht erwischen zu lassen.

Versuchen Sie, einen maßvollen Umgang mit Konsequenzen zu finden. Denn Bevormundung, Kontrolle, Verbote, Befehle, Drohungen, zu starke Einmischung und Vorgaben – sprich, ein Verhalten, das rigide, hart, abwertend, distanziert, desinteressiert, unfreundlich und zurückweisend ist und keinen oder wenig Augen- und Körperkontakt beinhaltet –, eine solche Erziehungsmethode lässt Kinder frieren.

Verhaltenspädagogik und systemische Familientherapie gehen grundsätzlich davon aus, dass in einer wertschätzenden, würdevollen, aufbauenden Atmosphäre mit genügender positiver Aufmerksamkeit, konkreter Anleitung und Ermutigung problematisches Verhalten eines Kindes verschwindet oder gar nicht erst auftaucht. Nicht nur aus diesem Grund stehe ich der Strafe als Disziplinierungsmittel sehr kritisch gegenüber, wobei auch klar ist, dass es im Erziehungsalltag Konsequenzen braucht.

SELBSTVERTRAUEN GIBT HALT

Ein positives Selbstgefühl entsteht ...

- durch das Erleben, jemandem wertvoll zu sein, und dem daraus entstehenden Vertrauen.
- durch gemeinsame Situationen und Erlebnisse, die uns verbinden.
- dadurch, dass uns jemand etwas zutraut und zumutet.
- durch positive, ermutigende Botschaften, die wir verbal und nonverbal bekommen.
- durch wertschätzende Gespräche und Diskussionen, die mit uns geführt werden.

Optimal frustrieren, optimal ermutigen

Was ist denn das für ein Erziehungsmotto? Ein wichtiges für unsere Zeit, denn Kinder müssen bei allem Verständnis auch Frustrationstoleranz erlernen. Das bedeutet, sie müssen auch Spannung aushalten können. Schon von klein auf will der Umgang mit Frust und Stress geübt und in positive Energie umgewandelt werden. »Die Wege des Lebens führen selten geradeaus! Es gibt immer wieder Unerwartetes, das dann Stress mit anfänglicher Verunsicherung und Angst auslöst. Wir brauchen Stress, um festgefahrene Verschaltungen im Hirn aufzulösen und neue Wege einzuschlagen.« Das sagt Prof. Dr. Gerald Hüther, Neurobiologe und Hirnforscher.[23]

»Optimal frustrieren« heißt: dem Kind auch mal ein Nein zumuten.

Wenn junge Menschen nie Herausforderungen, frustrierende Erfahrungen und »guten« Stress erleben, führt das zu Angst, Hilflosigkeit, Orientierungslosigkeit und Selbstzweifeln – obwohl ihnen andererseits viele Entfaltungsmöglichkeiten offenstehen. Daher ist es tatsächlich hilfreich, wenn Sie Ihr Kind täglich optimal frustrieren! Das macht es seelisch gesund und widerstandsfähig. »Optimal« heißt in diesem Fall: dem Kind auch mal ein Nein zumuten und es herausfordern, aber nicht überfordern oder gar abwerten.

Offensichtlich gilt das auch für unsere Weiterentwicklung als Erwachsene.

Dazu nochmals Hirnforscher Gerald Hüther: Wir brauchen neue Herausforderungen und die damit einhergehenden kontrollierbaren Stressreaktionen wie Gefühle von Angst, Verzweiflung, Ohnmacht, um uns immer besser an die vielfältigen Erfordernisse unserer Lebenswelt anpassen zu können. Nicht, damit wir krank werden, sondern damit wir uns ändern können. Krank werden wir erst, wenn wir uns weigern, die Angst zuzulassen und unsere Ohnmacht einzugestehen, wenn wir unfähig sind, nach neuen Wegen zu suchen, um sie überwindbar zu machen.[24]

Überwindbar wird Stress (= Angst), wenn wir uns geborgen, geliebt, gemocht fühlen! Liebe hilft und der Glaube, dass jemand da ist, der hilft. Für jede Weiterentwicklung oder positive Veränderung braucht es neben Herausforderungen also auch Menschen, die an einen glauben, einen unterstützen und das Beste aus einem herausholen. Ohne diese Unterstützung kann es sein, dass wir zu sehr entmutigt werden.

Wer die Erfahrung gemacht hat, dass Frustration wie eine Triebfeder wirken kann, um Herausforderungen anzupacken und Veränderung zu suchen, ist bestens fürs Leben gerüstet. Die Bibel ist voller Lebensgeschichten, in denen Menschen durch schwierige Schicksale und Umstände wachsen und in ihre göttliche Berufung hineinfinden. Heute sind wir mit einer jungen Generation konfrontiert, der sämtliche Steine aus dem Weg geräumt werden. Die zwar gefördert, aber nicht gefordert wird. Die verwöhnt, emotional aber oft alleingelassen und um konstruktive Konflikte und Auseinandersetzungen gebracht wird. Es geht heute nicht mehr darum, den Kindern nicht genug bieten zu können, sondern der Versuchung zu widerstehen, den Kindern viel zu viel zu bieten.

Sie tun Ihren Kindern einen Gefallen, wenn Sie auch mal Nein sagen, unnötige Aktivitäten, Materielles und Verwöhnung aussortieren und Ihr Leben vereinfachen. Damit verschaffen Sie sich selbst und Ihren Kindern mehr Freiraum, regelmäßige Auszeiten und Konzentration auf das Wesentliche. Geben Sie ihnen eine Chance auf mehr ziellose, ausgelassene, lebenslustige Kindheit. Ihre Aufgabe ist es, ihnen viele Anregungen zu bieten, Neugier und eigene Lösungsansätze für Probleme zu unterstützen und (maßvolle) kreative, musische und sportliche Aktivitäten zu fördern. Das stärkt die Psyche von Kindern und erlaubt es ihnen, zu gesunden und glücklichen Erwachsenen zu werden.

Mit Teenagern im Gespräch bleiben

Sie als Eltern bestimmen wesentlich mit, was für ein Mensch Ihr Kind im Verlauf seiner Entwicklung werden kann. Das gilt nicht nur für den Umgang mit Sexualität, sondern für alle Bereiche des Lebens: Wird es ängstlich sein oder voller Zuversicht an seine Stärken glauben? Hat es einen unverbauten, nicht religiös manipulierten Zugang zum Glauben? Wird es jemand, der oder die nicht einfach versucht, Böses zu vermeiden, sondern vor allem Gutes zu tun? Wenn Eltern bei der Vermittlung von Werten unbeabsichtigt Ängste schüren und aus Angst manipulieren, behindern sie eine freie, vertrauensvolle Entwicklung des Kindes.

BEFASSEN SIE SICH MIT IHREN EIGENEN PRÄGUNGEN, UM SIE NICHT UNREFLEKTIERT AN IHR KIND WEITERZUGEBEN.

Deshalb ist es so wichtig, dass Sie als Eltern sich mit Ihren eigenen Prägungen und Schieflagen befassen, um sie nicht unreflektiert an Ihr Kind weiterzugeben. Wer von Lebensängsten geplagt ist, neigt zu einer unheilvollen Verbindung von Angst und übertriebener Kontrolle. Dadurch entsteht eine ungesunde Bindung zum Kind, aus der beide Seiten sich schlecht lösen können. Aber Liebe besteht immer aus Bindung und Freiheit! Wer sein Kind nicht loslassen kann, hindert es daran, sich weiterzuentwickeln und zu einer eigenen Persönlichkeit heranzureifen. Ja, Ihr Einfluss auf Ihren Teenager schwindet immer mehr – und das ist normal und richtig so. »Da draußen« lauern nicht nur Gefahren, sondern Jugendliche lernen sich zu bewähren und zu behaupten, orientieren sich zunehmend am Verhalten und Wertvorstellungen der Gleichaltrigen und überprüfen daran ihre eigenen Überzeugungen.

Nun können Sie darauf vertrauen, dass sich Ihre eigene Vorbildwirkung und Erziehungsgrundlagen als stark genug erweisen. Wenn Sie als Eltern authentisch und vertrauenswürdig waren, stehen die Chancen gut, dass Ihr Kind sich in seinem Verhalten und seinen Wertvorstellungen langfristig an dem von Ihnen Vorgelebten orientieren wird. Waren Sie es nicht, kann es sein, dass Jugendliche sich Vorbilder suchen, die ihnen besser entsprechen. Aus Erziehung wird noch stärker Beziehung. Ihre Aufgabe ist es jetzt, den Beziehungsfaden nicht abreißen zu lassen, sondern ihn ganz bewusst zu stärken. Das bedeutet, dass Sie sich Diskussionen, Herausforderungen und Differenzen stellen, ohne den Autoritäts-Hammer auszupacken, wenn Ihr Kind etwas tut oder denkt, das Ihnen falsch vorkommt. Und das gilt natürlich auch für das Thema Sexualität.

Aus Ihrem Erziehungsauftrag wird nun ein gemeinsamer Gestaltungsprozess. Ihre Tochter oder Ihr Sohn soll eigene Sichtweisen und Bedürfnisse immer stärker selbstbestimmt und autonom in die Beziehung einbringen. Konflikte sind aus dieser Perspektive kein Ausdruck des Scheiterns Ihrer Erziehungsbemühungen, sondern ein tragendes Element einer zunehmend gleichberechtigten Beziehung.

Letztendlich wünschen sich alle Eltern, dass aus ihren Kindern lebenstüchtige Mitglieder der Gesellschaft werden. Wenn Ihre Beziehung zu Ihren heranwachsenden Kindern gesund ist, haben Sie nun das Privileg, sie dabei zu begleiten. Wenn Sie mit Ihrem Jugendlichen im Gespräch bleiben wollen und wissen möchten, was in ihr/ihm vorgeht, passiert das erfahrungsgemäß nicht einfach so. Eine stetige Gesprächskultur braucht geplante Gelegenheiten und vielleicht auch ein paar Anstupser hier und da.

Gute Fragen

»Sollten wir mal über Verhütung reden?« Es ist gut, wenn Sie diesen Satz als Eltern über die Lippen bringen, wenn das Liebesleben von Tochter oder Sohn sich konkretisiert. Auch wenn Sie für die Frage Augenrollen und Proteste ernten – vielleicht wollen die Jugendlichen trotzdem über das Thema reden. Oder auch darüber, wie viel Körperlichkeit sie zulassen möchten. Wo sie mit sich selbst ringen. Vielleicht brauchen sie Bestärkung darin, nur zu tun, was für sie stimmig ist. Möglicherweise ist es ein passender Moment für Sie, auch von sich selbst zu erzählen, ohne zu moralisieren. Vielen Kindern ist es jedoch unangenehm, mit ihren Eltern über Sex zu sprechen, vor allem wenn sie deren Scham spüren. Wenn das bei Ihren Kindern so ist, akzeptieren Sie es.

Im Folgenden habe ich ein paar inspirierende Fragen aufgeführt, die als Gesprächsanstöße dienen können. Auch wenn's nur eine einzige Frage ist, kann das ein Anfang sein, um Nähe und gegenseitiges Verständnis zu fördern. Allerdings nur, wenn sie wirklich offen gestellt werden und nicht das Feeling eines »Verhörs« mit sich bringen. Seien Sie als Eltern also auch bereit, von sich zu erzählen oder für sich selbst zu reflektieren. Die Erwachsenenfragen können auch für einen Paarabend spannend sein.

ÜBERBLICK

GUTE FRAGEN FÜR BEZIEHUNGSGESPRÄCHE

EINSTIEGS-GESPRÄCHSFRAGEN

Wie geht es dir?

Was beschäftigt dich gerade?

Geht dir an meinem Verhalten etwas auf die Nerven?

WEITERFÜHRENDE GESPRÄCHSFRAGEN

Was hat mich/dich diese Woche glücklich gemacht?

Was hat mich/dich geärgert, verletzt oder traurig gemacht?

Was hat mich/dich viel Energie gekostet?

Wie konnte ich/konntest du Kraft tanken?

Wann habe ich mich dir/du dich mir nahe gefühlt?

Womit habe ich mich/du dich allein gelassen gefühlt?

Was konnte ich/konntest du in dieser Woche mit niemandem teilen?

Was hat mich/dich stolz gemacht?

Was macht mir/dir in naher oder ferner Zukunft Bauchweh?

Worauf freue ich mich/freust du dich?

FRAGEN FÜR GEMEINSAME GESPRÄCHE UND ZUR SELBSTREFLEXION

ÜBERBLICK

TEENAGER

Kannst du dich gut entscheiden?

Kannst du gut Nein sagen, wenn dir etwas nicht passt, oder fällt es dir schwer?

Weißt du meist, was du willst?

Schämst du dich, wenn du Angst hast?

Zeigst du anderen deine Wut?

Kannst du Kritik annehmen?

Fragst du deine Eltern, wenn du unsicher bist?

Möchtest du so werden wie deine Mutter?

Möchtest du so werden wie dein Vater?

Fühlst du dich wohl in einer Gruppe mit Älteren?

Fühlst du dich wohl in einer Gruppe mit Jüngeren?

Wählst du deine Kleidung selbst oder unter Gruppendruck?

Ist es dir wichtig, wie du angezogen bist?

Streitest du oft mit deinen Geschwistern?

Sammelst du gern alle möglichen Gegenstände und bewahrst du sie auf?

Leihst du gern deine Sachen aus?

Was empfindest du, wenn du etwas weniger gut oder besser kannst als andere?

Bist du gern pünktlich oder ist dir das eher unwichtig?

ERWACHSENE

Können Sie sich leicht entscheiden?

Welches Verhältnis haben Sie zu Ihrem Vater, zu Ihrer Mutter?

Wie gehen Sie mit Kritik um?

Nehmen Sie schnell Kontakt mit anderen auf?

Sorgen Sie sich oft um andere?

Was bedeutet Ihnen Sexualität? Was hat sie für einen Stellenwert in Ihrem Leben?

Wovon hängt Ihr Wohlbefinden ab?

Welche Ängste belasten Sie?

Was genießen Sie in Ihrem Alltag?

Sind Sie gern mit Kindern zusammen?

Lachen Sie viel?

Wählen Sie bewusst, mit wem Sie Ihre Zeit verbringen?

Was ist Ihnen in Ihrer Partnerschaft wichtig?

Wie gehen Sie mit Geld um?

Welche Bedeutung hat Kleidung für Sie?

Wie gut können Sie für sich selbst einstehen?

Wissen Sie, was Sie wollen?

Können Sie Nein sagen?

Können Sie Ja sagen?

Wie gut können Sie sich abgrenzen/Grenzen setzen?

7 PÄDAGOGISCHE PRINZIPIEN – SCHLÜSSEL ZUR WEISHEIT

Ich war einige Jahrzehnte als Sozialpädagogin in leitender Funktion im stationären Kinder- und Jugendbereich tätig und habe zudem Hunderte Elternpaare in Erziehungskursen beraten. Im Laufe meiner langen beruflichen und familiären Laufbahn habe ich nicht nur eine grundsätzlich förderliche erzieherische Grundhaltung skizziert, sondern auch eine entsprechende sexualpädagogische. Pädagogische Prinzipien gelten genauso für die Sexualpädagogik, die ebenfalls auf sinnvollen, erforschten und validierten pädagogischen Prinzipien beruhen sollte. Diese Prinzipien kann man folgendermaßen zusammenfassen: »Kinderfehler sind Beziehungs- und Erziehungsfehler!«

Kinderfehler sind Beziehungs- und Erziehungsfehler.

Erziehungsfehler zeigen sich in auffälligem Verhalten – in »Kinderfehlern«. Doch oft sind schwierige Kinder und Jugendliche nur bei bestimmten Personen auffällig. Ihr Verhalten ist sozusagen ein Spiegel des Gegenübers. Weil Kinderfehler also eigentlich Erzieherfehler sind, sollten Sie sich immer zuerst fragen, ob Sie etwas übersehen, unterlassen oder provoziert haben. Allzu viel Umsorgen, ein allzu großer Schongang bringt Verantwortungslosigkeit hervor. Genauso schädlich ist es, dem Kind wenig zuzutrauen, denn das macht ängstlich.

Ein großes Problem ist auch große Rigidität, Sturheit und Strenge von Eltern. Das kann Trotzverhalten oder Unsicherheit beim Kind bewirken. Oft ist übertriebene Strenge eine Folge von Sprachlosigkeit und Hilflosigkeit. Doch am gravierendsten wirkt sich eine Laissez-faire-Haltung aus, die dem Kind weder Orientierung noch Halt bietet und zu vielen Konflikten führt, weil das Kind ständig selbst Grenzen sucht und austestet.

Halten Sie unangenehme Reaktionen aus! Es gehört schlicht und einfach zur Elternrolle dazu, sich auch mal frustrieren zu lassen. Eltern laufen häufig Gefahr, dem Frieden oder der eigenen Bequemlichkeit zuliebe notwendigen Konflikten auszuweichen. Manchmal muss man diesen nicht nur standhalten, sondern sie sogar heraufbeschwören, indem man gewisse Dinge anspricht, die ganz sicher einen Krach provozieren werden! Wenn so ein Wutausbruch passiert, nehmen Sie es als Bestätigung, dass das Gespräch dran war, und gehen Sie gelassen zur Tagesordnung über.

Nur wer über Wissen verfügt, kann auch Wissen vermitteln. Es ist Zeit, von der Verbots- und Problemkultur in unseren Gemeinden loszukommen.

Denken Sie daran: Ihr Verhalten spricht lauter als das, was Sie sagen. Kinder nehmen vor allem wahr, was Sie (vor)leben. Ihre Worte müssen damit übereinstimmen, um glaubwürdig zu sein. Kinder und Jugendliche spüren sehr genau, wie authentisch Sie sind. Wenn sie ihren Eltern oder anderen Erwachsenen gegenüber respektlos sind, ist das meistens ein Resultat ihrer Enttäuschung über deren Unglaubwürdigkeit.

FRAGEN ZUR REFLEXION

Was lernt mein Kind durch mein Verhalten?

Was schaut es sich von mir ab, positiv und negativ?

Was vermittle ich meinen Kindern nonverbal?

Welches ungünstige Verhalten meinerseits könnte hinter den Schwierigkeiten meines Kindes stecken?

Bin ich zu streng oder zu nachgiebig? Zu wenig präsent, zu lieblos oder überfürsorglich? Zu kühl oder zu überhitzt? Zu nah dran oder nicht greifbar?

Habe ich meinem Kind genügend Aufmerksamkeit und Liebe gegeben?

Habe ich genügend Nähe hergestellt und echtes Interesse an ihm/ihr gezeigt?

Oder habe ich nicht genau genug hingeschaut? Nicht nachgefragt? Keine Anleitung gegeben? Überfordert?

Kompetente Kinder brauchen kompetente Eltern

Nur wer über Wissen verfügt, kann auch Wissen vermitteln. Moral ist nur eine Hülle, Kompetenz aber ist Inhalt! Deshalb sollten Sie sich als Eltern/Erwachsene erst selbst kompetent machen, damit Sie bei Kindern und Jugendlichen eine Vorbildwirkung entfalten können. Nur wer zu seinem Körper und seiner eigenen Sexualität ein unverkrampftes Verhältnis hat, kann unverkrampft darüber sprechen.

MORAL IST NUR EINE HÜLLE, KOMPETENZ ABER IST INHALT.

FRAGEN ZUR REFLEXION

Wie kompetent fühlen Sie sich in Bezug auf Ihre eigene Sexualität?

Können Sie mit Ihrer Partnerin, mit Ihrem Partner über Ihre Bedürfnisse und Ihre Gefühle im Zusammenhang mit der eigenen und der gemeinsamen Sexualität sprechen?

FRAGEN FÜR DEN EINSTIEG INS GESPRÄCH ALS PAAR

Was wurde dir in deiner Jugend über Sexualität vermittelt – Elternhaus, Schule, Jugendgruppe, Kirche, Gleichaltrige? Welche Aussagen, negative und positive, sind dir davon im Kopf hängen geblieben?

Wird heute zu viel oder zu wenig über Sex geredet?

Reden Männer unter sich anders über Sex als Frauen? Redest du mit Freunden/Freundinnen über Sex und wie sieht das aus?

Was hättest du gern im Aufklärungsunterricht gelernt?

Wie geht es dir mit dem ganzen Thema Sexualität und mit deinem Körper?

Wann und wie hast du dein Geschlechtsteil, Erregung, lustvolle Empfindungen entdeckt?

Welchen Namen gab es für dein Geschlechtsteil in der Familie, von dir, in der Peergroup? Wie nennst du es heute?

Wie stehst du heute zu deinen Genitalien? Hat sich da was im Laufe der Jahre verändert?

Wie fühlt sich dein Geschlechtsteil an? Wo ist die Berührung für dich erregend?

Wie geht es dir mit dem Aussehen deines Geschlechtsteils? Wie findest du Flüssigkeiten, Geruch, Geschmack?

Was kann dein Genital? Was darf es?

Sollen wir unser Geschlechtsteil mal zeichnen (von vorne gesehen)?

Wie zufrieden bist du mit deinem Sexleben?

Wie zufrieden bist du mit unserem Sexleben auf einer Skala von 1 bis 7?

Was ist guter Sex für dich?

Was am Sex findest du überschätzt?

Welche geheime Fantasie verrätst du mir?

Nicht gegen den Fehler, sondern für das Fehlende

Erst das Fehlende provoziert den Fehler. Ein Beispiel dafür ist die Angst- und Verbotskultur, die man sehr weit verbreitet in der christlichen Lebenswelt findet und die eigentlich eine Dagegenkultur ist: gegen Selbstbefriedigung, gegen Sex vor der Ehe, gegen Pornografie, gegen Aufklärung in der Schule, gegen Homosexualität, gegen die Auseinandersetzung mit Gender-Themen. Aber einfach nur Dagegen zu sein, fördert nicht Reife. In der historischen Entwicklung von Erziehung und Sexualität gab und gibt es noch immer viel Rigidität, Abspaltung und Verleugnung der Biologie, der Lust und der Emotionen. Gepaart mit gut gemeinter Strenge führt all das erst in einen schädlichen Umgang mit Sexualität hinein. Neugier, Gefühlen und Trieben kann nicht mit der Moralkeule begegnet werden, sondern nur mit Aufklärung, Wissen und Begleitung.

Die Alternative ist nicht eine unreflektierte Pro-Kultur, sondern Kinder und Jugendliche umfassend, differenziert und ganzheitlich aufzuklären. Sich auf den Dialog mit ihnen einzulassen. Eigenverantwortung erreicht man nicht durch Angst, sondern durch Wissen und Perspektive. Fehler um jeden Preis verhindern zu wollen, birgt immer die Gefahr der Überreaktion. Aber auch Nicht-Reaktionen werden zum Problem, wenn es bei Grenzverletzungen klare Ansagen braucht.

Förderung ohne Forderungen ist genauso ungesund wie Forderungen ohne Förderung. Diese beiden Elternaufgaben sind Zwillinge. Deshalb sollten sich Rechte und Privilegien im Kinderleben mit Pflichten die Waage halten, immer entsprechend des Alters, der Reife und der Fähigkeiten des Kindes. Förderung ist das Salz in der Suppe, aber im Übermaß überfordert sie. Andererseits kann man auch zu wenig verlangen. Und zu alledem überfluten materielle, technologische und mediale Eindrücke in enormem Tempo Ihr Kind. Es steht unter Druck, und der Dampfkochtopf droht zu explodieren – oder zu implodieren, je nach Charakter des Kindes.

Zunehmend zeigen Kinder in unserer Gesellschaft Verhaltensmuster, die denen von posttraumatischen Belastungsstörungen gleichen. Und das, obwohl es ihnen an nichts fehlt. Sie sind einer ständigen Informationsflut ausgesetzt, die sie nicht verarbeiten können. Viele dieser Informationen sind zudem extrem sexualisiert. Alles das muss sortiert werden. Kinder und Jugendliche brauchen dazu Ihren Beistand und Ihre Hilfe.

FRAGEN ZUR REFLEXION

Wie kann ich die sexuelle Neugier meines Kindes nutzen, ohne übergriffig zu sein?

Wie kann ich das Gespräch auch selbst in Gang bringen, wenn mein Kind nicht von sich aus fragt?

Wie kann ich Gespräche über Themen wie Glaube, Zusammenleben, Gesellschaft, Zeitgeschehen, Politik, Sexualität fördern? Sind das alles für mich ganz normale Themen?

Kann ich zutrauen, vertrauen, fördern und fordern?

Selbstverantwortung entwickelt sich vom äußeren Halt zum inneren

Weshalb sollten Kinder überhaupt auf uns hören? Dass Kinder und Jugendliche Ihnen als Bezugsperson vertrauen, kann nicht eingefordert werden. Vertrauen wird Ihnen geschenkt, wenn Sie sich verlässlich und ansprechbar zeigen. Verantwortlichkeit kann ebenfalls nicht eingefordert werden. Sie entsteht, wenn Sie das Kind anleiten und ihm Verantwortung übertragen. Nur so kann es in verantwortliches Handeln hereinwachsen. Erzwingen kann man das nicht.

Lieben und sich geliebt fühlen, dazugehören und teilhaben. So erleben sich Kinder und Jugendliche vor allem dann, wenn sie nach ihrer Meinung gefragt und in Entscheidungen miteinbezogen werden. Auf diese Weise lehren Sie Ihr Kind Achtung und Respekt und werden von ihm ebenfalls Achtung und Respekt erfahren.

Wünschenswerte Leitplanken entstehen deshalb sinnvollerweise durch Gespräche, nicht durch aufgezwungene Regeln. Im besten Fall werden äußere Werte (Eltern, Gesellschaft) so zu eigenen inneren Werten. Eigenständige Überzeugungen können sich heranbilden, die inneren Halt geben. Erziehung ist Beziehung. Und in der Pubertät gilt dies umso mehr.

DARIN BESTEHT ALLE ERZIEHUNG

1

Von »Was tut man dagegen?« zu »Was tut man dafür?«.

Unrecht muss adressiert werden. Wichtiger aber ist die Förderung des »Rechten«.

2

Von »Was tut man dafür?« zu »Wie tut man etwas dafür?«.

Wichtiger als das Mittel, das man einsetzt, ist die Art und Weise, wie man es anwendet.

3

Von »Wie tut man etwas dafür?« zu »Wie tue ich etwas dafür?«.

Es ist meine Aufgabe, die Erziehung anzunehmen und sie zu tragen.

4

Von »Wie tue ich etwas dafür?« zu »Wie tun wir etwas dafür?«.

Vater und Mutter müssen den Weg zueinander, zur Einheit, zur Gemeinschaft suchen; erst dann können sie dem Kind diesen Weg zeigen.

5

Von »Wie tun wir etwas dafür?« zu: »Wie müssen wir sein?«.

Die Selbsterziehung des Erziehers ist die Voraussetzung dafür, dass er das Kind auf diesen Weg mitnehmen kann. Darin besteht alle Erziehung.

Inspiriert von Paul Moor (1899–1977), Schweizer Heilpädagoge

TIPP FÜR KONFLIKTE

In meiner Erfahrung können Konflikte am besten bei einem Spaziergang an der frischen Luft besprochen und gelöst werden. Das Gehen entspannt problembehaftete oder verunsichernde Situationen und fördert eine versöhnliche Haltung. Bewegung verbessert die Stimmung, setzt Kreativität frei und fördert so die Bereitschaft, konsensfähige Standpunkte einzunehmen, statt zu polarisieren und zu konkurrieren.

Grenzen setzen, Grenzen achten

Wir haben es schon einmal thematisiert: Frühzeitiger Sex im Teenageralter ist oft eine Frage des mangelnden Selbstwerts und der fehlenden Fähigkeit, Grenzen zu setzen und zu respektieren. Daher stehen diese beiden Punkte ganz weit oben auf der Liste der wichtigsten Erziehungsziele.

Grenzen zu setzen und zu respektieren, lernt man vor allem in der Familie. Wer es da nicht lernt, muss es sich im Erwachsenenalter oft erst mühsam antrainieren. Was soll geschützt werden? Ein innerer Raum, in dem man seine eigenen Bedürfnisse und die eigene Befindlichkeit achtet. Es schadet uns selbst, wenn wir nicht sagen können, was uns nicht gefällt, was wir vermissen, was uns auf die Nerven geht. Auch Kinder und Jugendliche sollten lernen, nicht einfach zu schweigen, sondern mit klaren Ansagen Grenzen zu setzen. Wer sich nicht entsprechend ausdrücken kann, wird nicht gehört. Und der Mensch, der sich unangemessen verhält, fühlt sich nicht angesprochen.

Wer die Grenzen des Kindes respektiert und selbst Grenzen setzen kann, gibt seinem Kind automatisch eine Idee davon mit auf den Weg. Doch an diesem Punkt ist es vielleicht auch nötig, das einmal ganz praktisch in Form von Rollenspielen zu üben. Gerade eher zurückhaltenden Typen hilft es oft, Formulierungen parat zu haben, wie sie klar sagen können, dass sie etwas nicht wollen.

KLARE, DIREKTE KOMMUNIKATION

- Zum Gesprächspartner hingehen.
- Den anderen mit Namen ansprechen.
- Ihm/ihr in die Augen schauen.
- Sich bemühen, mit ruhiger Stimme zu sprechen.
- Mit möglichst direkten Worten das Problem oder ein Gefühl beschreiben: »Das ist passiert ...«, »Das macht es mit mir: ... (macht mich wütend, ärgert mich, macht mich traurig, tut mir weh, macht mir Angst)«
- Sagen, was man sich wünscht oder womit er aufhören soll (Stopp!) oder welche Bitte man ablehnt: »Hör bitte auf damit ...«, »Stopp, hör auf!«, »Nein, das tue ich nicht ...«, »Ich wünsche mir ...«, »Gib mir das zurück ...«

AUFKLÄRUNG, DIE WEGE
ZUM GLAUBEN ZEIGT

Machen wir uns nichts vor: Die meisten Glaubensrichtungen sind nicht frei von Moral und Gesetzlichkeit. Und damit ist auch jeder und jede von uns, die wir von Gemeinde und Kirche geprägt sind, davon mehr oder weniger betroffen. Auch in der jüngeren Vergangenheit wurden Generationen von Menschen im Hinblick auf ihre Haltung zur Sexualität von geistlichen Leitern und christlichem Gruppendruck tiefgreifend beschämt und nachhaltig geschädigt. Alte Bibelübersetzungen ließen Paulus sagen, wir hätten zehntausend Zuchtmeister, aber nicht viele Väter (und Mütter). Zwar wurde in neueren Bibelübersetzungen der »Zuchtmeister« durch »Erzieher« ersetzt. Doch das macht Paulus' Aussage sogar noch brisanter: »Denn wenn ihr auch zehntausend Erzieher hättet in Christus, so habt ihr doch nicht viele Väter (und Mütter)« (1. Korinther 4,15; LUT).

Paulus grenzt damit wahre Vater- und Mutterschaft (und im übertragenen Sinne geistliche Leiterschaft) von Erziehung ab. Und offensichtlich stellt er eine rein erziehende Haltung infrage – fast schon in Richtung, Beziehung ist wichtiger als Erziehung.

Paulus wünscht uns hier eindeutig liebevolle Väter und Mütter, Menschen, die an einen glauben und nicht an einem herumzerren. Wahre Mutter- und Vaterschaft ist fördernde, aufbauende, ermutigende, tröstende, bedingungslose Liebe (1. Korinther 14,3). Darauf baut sinnvolle Erziehung auf. Ich persönlich habe mich vor langer Zeit entschieden, dass ich eine Mutter in Paulus' Sinn sein möchte. Mit einem Herz aus Fleisch und nicht aus Stein.

»

Und ich werde euch ein neues Herz geben und euch einen neuen Geist schenken. Ich werde das Herz aus Stein aus eurem Körper nehmen und euch ein Herz aus Fleisch geben.

Hesekiel 36,26; NLB

Wenn wir von dem Gedanken ausgehen, dass Kinder eine Leihgabe Gottes sind, uns also nicht gehören, bedeutet das für mich: Ein Teil unserer Aufgabe als Eltern ist auch die Hinführung zum Glauben. Zum Schöpfergott, von dem wir alle kommen. Glaubenserziehung soll Kinder zu einer Beziehung mit Gott und mit Jesus einladen. Jesus zeigt uns den väterlichen Gott im Neuen Testament sehr eindrücklich. Es ist ein Gott-Vater der Mitverantwortung und Wertschätzung, den auch Paulus vorstellt.

»Kinder kommen weder gut noch schlecht auf die Welt«, sagte der inzwischen verstorbene Schweizer Erziehungsexperte Prof. Dr. Remo Largo. »Wie sie werden, hängt vor allem von der Geborgenheit und Zuwendung ab, die sie erhalten, und von den Vorbildern, die sie im Verlaufe der Kindheit erleben.« Weiter äußerte er sich zu einer Studie zu christlicher Erziehung:

> ***Eine kindorientierte Erziehung basiert auf einer guten Beziehungsqualität, die hohe Ansprüche an die erzieherische Kompetenz und das zeitliche Engagement von Eltern und anderen Bezugspersonen stellt. ... Das Neue Testament, das ja für unseren Glauben wegleitend sein sollte, handelt von der Liebe und der Sorge um die Schwachen, und dazu gehören auch die Kinder. ... Ich empfehle den Eltern dringend, sich an Jesus und seine Botschaft zu halten.***

Zu gesetzlichen Ansätzen führt er aus:

> ***Diese Vorstellungen beherrschen ja nicht nur das erzieherische Verhalten der Eltern, sondern auch ihr eigenes Verhalten und ihre eigenen Wertvorstellungen. ... Genauso wie sie sich dem Diktat einer Gottesvorstellung unterziehen, so wollen sie auch über ihre Kinder bestimmen. Je rigider und machtorien-***

tierter diese Vorstellungen sind, desto autoritärer (zuchtmeisterlicher, A. d. A.) fällt die Erziehung aus.[25]

Da steht erziehen, nicht züchtigen!

Vielleicht kennen Sie die Bibelstelle aus Sprüche 13,24 auch. Sie wurde in christlicher Erziehung zu oft als Rechtfertigung für eine rigide, schlimmstenfalls mit Gewalt durchgesetzte Erziehung als »Liebesbeweis« herangezogen: »Wer seine Rute schont, der hasst seinen Sohn; wer ihn aber lieb hat, der züchtigt ihn beizeiten«, heißt es dort. Es braucht ein neues Verständnis dieser Stelle – was in der Übersetzung des Wortes angelegt ist. Tatsächlich kann das biblische Wort »züchtigen« nämlich mit »erziehen« gleichgesetzt werden: »erziehen« oder »aufziehen« im Sinne von »eine Rebe an einem Spalier festbinden«.

Sowohl im griechischen wie auch im hebräischen Urtext der Bibel haben die meisten Begriffe mehrere Bedeutungen, die je nach Zusammenhang sehr unterschiedliche Aussagen haben können. Im Falle von »züchtigen« (*paideuō*) ist von begleiten, aufziehen, erziehen, unterweisen bis hin zu züchtigen, im Sinne von »körperlich strafen«, alles drin. Mit dem Bedeutungsschwerpunkt, den Luther auf dem letzten Begriff gesetzt hat, wurde die christliche Erziehung für Jahrhunderte eingespurt. Generell hatte Luther die Tendenz, stets die krasseste Übersetzungsmöglichkeit zu wählen. Er wollte ganz klar damit auf die Gesellschaft einwirken.

Und was sagt Jesus?

- Macht eure Kinder nicht mutlos (1. Kolosser 3,21).

- Reizt sie nicht zum Zorn (Epheser 6,4).

- Gebt ihnen gute Gaben (Lukas 11,11-13).

- Nehmt sie auf (in euer Herz) (Markus 9,37).

- Lasst sie zu mir kommen (Matthäus 19,14).

Jesus' Aussagen haben allesamt das Wohl des Kindes im Blick und zielen darauf ab, ihm eine Beziehung zu einem liebenden, barmherzigen Gott und Vertrauen in den Glauben zu ermöglichen. Jesus' Warnung an die Elterngeneration ist ebenso unmissverständlich:

> ***Wenn aber jemand einem dieser Kleinen, die an mich glauben, Anlass zur Sünde gibt (Anstoß gibt oder ärgert, A. d. A.), für den wäre es besser, dass ein Mühlstein an seinen Hals gehängt und er in die Tiefe des Meeres versenkt würde.***
>
> *Matthäus 18,6*

Eine ziemlich krasse Ansage an Eltern, geistliche Leiter und Erzieher! Mein Berufsalltag hat mir eine Ahnung davon gegeben, wie toxische Elternschaft oder Leiterschaft aussieht und auf welche Weisen Eltern ihre Kinder traumatisieren können, wenn entsprechendes Verhalten anhaltend vorkommt. Manchmal unbeabsichtigt aus Überforderung und wider besseres Wissen. Manchmal aber auch aus religiöser Verblendung heraus. Oder durch anhaltende Manipulation aus purem Egoismus. Aber auch aus reiner Boshaftigkeit. Man nennt dieses Verhalten »parentaler Sadismus«[26]. Dazu gehört nicht nur körperliche und sexuelle, sondern auch psychische Gewalt durch Eltern. Beispielsweise die Bestrafung durch (manchmal wochenlanges) Schweigen.

Jesus wusste offenbar, dass nicht alle Eltern es gut mit ihren Kindern meinen. Er machte sich zu ihrem Fürsprecher. Deshalb möchte ich ein anderes starkes Rute/Stock-Bild in unserem Bewusstsein verankern. Ein Bild, wie Gott seinen Stecken einsetzt: als Halt gebende, begleitende und verteidigende Stütze, die ein Hirte immer bei sich trägt, um seine Schafe zu beschützen und aus brenzligen Situationen zu retten: »Du bist bei mir; dein Stecken und dein Stab, sie trösten mich« (Psalm 23,4b).

Letztlich geht es nicht nur darum, unseren Kindern Glaubenssätze und biblische Geschichten zu vermitteln. Es geht darum, Kinder in ihren Bedürfnissen ernst zu nehmen, ihnen Sinn und Halt anzubieten und sie an einer tragenden Gemeinschaft teilhaben zu lassen. Eine Heidelberger Studie[27] kommt zu dem Ergebnis, dass religiöse Werteorientierung bei der Sozialisation von Kindern einen hohen Stellenwert einnimmt und sich stabilisierend auf den Zusammenhalt von Gemeinschaft und Gesellschaft auswirkt. Denn mit dem christlichen Glauben geht meist ein hohes Vertrauen in Personen und Institutionen einher.

Das zeigt sich auch in gemeinschaftlichem Engagement für Kinder-, Jugend- und Sozialarbeit. Werte, die aus dem Glauben motiviert sind, schaffen so gesehen Sozialkapital, das einer Gesellschaft zugutekommt. Positiv erfahrene Glaubenswerte haben zudem Einfluss auf die Entwicklung anderer persönlicher und gesellschaftlicher Werte von Kindern und Jugendlichen und beeinflussen damit ihre spätere Lebensführung. Das äußert sich in einer zuversichtlichen Grundstimmung und in Widerstandskraft und Durchhaltewillen – in einer gesunden Resilienz.

Damit diese positiven Auswirkungen reifen können, ist es notwendig, dass Sie Ihr Kind ohne moralischen Druck an den Glauben heranführen und ihm völlige Entscheidungsfreiheit zugestehen. Ähnlich wie in der Sexualaufklärung können Eltern auch hier die Gesellschaft als Bedrohung oder als Herausforderung sehen, die uns dabei hilft, einseitige Entwicklungen zu verhindern und unsere Werte immer wieder zu überprüfen. Besonders von den Erkenntnissen der Pädagogik sollten wir uns herausfordern lassen und reflektieren, was wir warum und wozu in der Erziehung und Glaubenserziehung tun. Wie bei allem anderen können Kinder am ehesten eine vertrauensvolle Beziehung zu Gott aufbauen, wenn sie ihm an einem sicheren Ort begegnen, wo ihre Bindungs- und Beziehungsfähigkeit gefördert wird und innere Sehnsüchte angesprochen werden.

Werte und verantwortliches Handeln

Jeder Mensch sehnt sich nach Werten, auch der junge Mensch. Werte geben Halt und Stabilität im Leben. Doch die Lebensformen verändern sich besonders im Westen gerade radikal. Was bedeutet das alles für die Ehe und den Sex? Und Sex in Verbindung mit dem Glaubensleben?

Diese Fragen drängen sich uns derzeit förmlich auf. Über Jahrhunderte hat die Tradition – oft die kirchliche Tradition – die Vorstellung und das Verständnis über Sexualität bestimmt. Diese eine Interpretationshoheit war wie in Stein gemeißelt. Doch innerhalb der letzten 50 oder 60 Jahre hat sich das Bild von Ehe, Familie und Sex von Grund auf gewandelt. Die Kirche als Instutition hat ihren Einfluss auf gesellschaftliche Normen weitestgehend verloren. Und umgekehrt wird auch der Glaube nicht mehr durch eine gesellschaftliche Tradition aufrechterhalten.

Viele junge Menschen suchen aber entgegen so mancher Auffassung sehr wohl nach einem verantwortungsvollen Umgang mit Sexualität. Umfragen zu »Jugend und Sexualität«[28] stellen der Jugend ein gutes Zeugnis aus: Den wenigsten jungen Menschen geht es um wahllosen Sex und beliebige One-Night-Stands. Sie sind den Umfragen zufolge weder leichtsinnig noch unbekümmert, sondern möchten verantwortlich mit ihrem Körper und ihrer Seele umgehen und treue und dauerhafte Partnerschaft leben. Christlichen Jugendlichen ist zudem der Glaube nicht schnuppe, sie wollen wissen, wie Gott Sexualität, Liebe und Zusammenleben gemeint hat. Sie möchten unverblümte Informationen haben. Und sie möchten wissen, wie das Zusammenleben mit einem Lieblingsmenschen aussehen und funktionieren kann.

Vielleicht gehören die heutigen Jugendlichen zur ersten Generation der christlichen Lebenswelt, die einen wirklich unbeschwerten Umgang mit Sexualität findet und unbekümmert darüber sprechen kann. Hoffentlich sind sie endlich die Generation, die tatsächlich lustvoll lieben und leben lernt – und die darin keinen Wiederspruch zu ihrem Glauben sieht. In jeder Generation, die Eltern erziehen und ins Erwachsenenleben begleiten, gibt es die Chance, die Werte, die man selbst oder die eine Gemeinschaft lebt, ganz bewusst neu definieren zu können. Und das meint die Werte zur gelebten Sexualität, zu unserer Identität und zu unserem Gottesbild.

In den vergangenen Jahren habe ich mir gemeinsam mit Freunden viele Gedanken darüber gemacht, wie eine ganzheitliche, ermutigende, fördernde und Identität stiftende Sexualethik aussehen kann. Dabei blieben wir immer wieder an der Fragestellung hängen, wie starre Regelwerke durch Selbstverantwortung sinnvoll ersetzt werden könnten, ohne gleich alle Werte über den Haufen zu werfen. Denn das ist verständlicherweise eine große Angst: Was geschieht mit den Menschen und unserem Zusammenleben, wenn haltgebende Normen drohen wegzufallen? Die Frage aller Fragen ist beispielhaft die nach dem Sex vor der Ehe.

Nach allem, was wir zum Thema Selbstverantwortung besprochen und gelernt haben, gibt es auch hier nur einen Schluss: dass die letztliche Entscheidung auch in dieser Frage bei dem betreffenden Paar liegt. Nur so kommen wir weg von der Falle von Kontrolle und Rechenschaft, die zu nichts Gutem führt. Das gilt natürlich für erwachsene, mündige Menschen. Minderjährige Jugendliche, die unter der Verantwortung der Eltern stehen, sollten aus meiner Sicht dazu ermutigt werden, mit dem Sex zu warten, bis sie volljährig sind, eine gewisse wirtschaftliche Unabhängigkeit erlangt haben und in ihrer Persönlichkeit gereift sind.

DIE VERBOTSKULTUR BEHINDERT DAS MÜNDIGWERDEN VON JUNGEN MENSCHEN.

Die Frage ist aber auch hierbei, wie das geschieht. Unsere Haltungen prägen die Art, wie wir erziehen. Und wenn wir als Eltern eine starre Verbotskultur vertreten, behindert das das Mündigwerden von jungen Menschen. Denn übermäßige Kontrolle nimmt den Heranwachsenden die wichtige Arbeit ab, Selbstkontrolle – oder noch besser: Selbststeuerung – zu erlernen. Wenn junge Menschen ein feines Gewissen haben, lösen Verbote bei ihnen Angst aus und hemmen ihre Entwicklung und die Neugier. Doch genauso oft lösen Verbote eben auch Trotz, Rebellion, erhöhte Risikobereitschaft und den Nervenkitzel des »Verboteübertretens« aus.

Sicher, Eltern und die christliche Gemeinschaft sollen ganz klar dabei helfen, Richtung und Orientierung zu geben. Die Frage ist, in welchem Geist das geschieht und *wie* mit Jugendlichen über Partnerschaft, Ehe und Sex gesprochen wird. Geben wir Orientierung oder erteilen wir Verbote? Werben wir um Eigenverantwortung oder erlegen wir Zwang auf? Predigen wir Geist oder Gesetz?

Durch das Gesetz wurde die Sünde in uns erst geweckt, sodass wir taten, was letztendlich zum Tod führt. Aber jetzt sind wir von diesen Zwängen frei, denn für das Gesetz sind wir tot. Deswegen können wir Gott durch seinen Heiligen Geist in einer völlig neuen Weise dienen und müssen es nicht mehr wie früher durch die bloße Erfüllung toter Buchstaben tun.

Römer 7,5-6; Hfa

Vertrauen wir doch als Eltern und Gemeinden darauf, dass unsere Kinder und Jugendlichen dank unseres Vorbilds einen guten Weg finden! Vertrauen wir Gott, dass er sie einen guten Weg führt! Pflegen wir wie Jesus eine Kultur der Liebe und Barmherzigkeit! Seine Botschaft ist nicht: »Falls du moralisch gut lebst, werde ich dich lieben.« In Wahrheit ist es umgekehrt: Weil ich begreife, dass Gott mich liebt, werde ich – je mehr ich mein Leben mit Jesus teile – ein moralisch wacher Mensch. Diese Wahrheit können wir durch unser Handeln und Verhalten ausstrahlen – oder Kindern und Jugendlichen den Zugang dazu versperren, indem wir uns moralisch entrüstet davor aufbauen.

Das Gesetz ist eine ordnende Kraft, aber es steht nicht über der Gnade.

Wir müssen uns unserer Zeit gemäße neue Antworten für Themen erarbeiten wie Sex vor der Ehe, Zusammenleben ohne Trauschein, Kinder, die außerhalb der Ehe zur Welt kommen, Menschen, die sich als queer empfinden und sich zum Glauben an Jesus bekennen. Das mussten wir letztlich mit dem Thema Scheidung und Wiederheirat ja auch tun. Wir Menschen bewegen uns immer zwischen Gesetz und Gnade. Das Gesetz ist eine ordnende Kraft, aber es steht nicht über der Gnade.

Wenn wir als Christen und in unseren Gemeinden um Antworten ringen, sind wir herausgefordert, uns und unseren Mitmenschen in allen Lebensfragen mit dem größten Gesetz der Liebe zu begegnen. »Denn das ganze Gesetz ist in einem Wort erfüllt, in dem: ›Du sollst deinen Nächsten lieben wie dich selbst‹« (Galater 5,14). Uns in dieser Liebe zu üben, scheint mir der wichtigste Schlüssel für alle Formen des Zusammenlebens zu sein, sei es in Familie oder Gemeinde. Was geschieht, wenn wir ohne Liebe miteinander umgehen? Wahrheit ohne Liebe verkommt zur Richtigkeit. Zurechtweisung ohne Liebe verkommt zur Gnadenlosigkeit. So ist Gemeinschaft nicht gedacht. Liebe sollte der Maßstab für unser Miteinander sein.

Daniel Zindel schreibt in seinem Buch »Hüttenzeit«, wie Spuren, die wir legen, zum Weg werden für die, die nach uns kommen.

> ***Mit dem, was wir anpacken, hinterlassen wir in unserem Leben sichtbare und bleibende Spuren. Auch mit unserem Unterlassen hinterlassen wir Spuren, nur merken wir das seltener. Man beklagt sich eher über falsch gelegte Spuren als über nicht gebahnte Wege, wo die Nächsten bei ihrem Weg nicht unterstützt und gefördert werden.***[29]

Dabei warnt er vor einer rein »virtuellen Spurenlegung«. Er beschreibt Menschen, die viel sprechen, »vielleicht gekonnt über das, was man alles tun könnte, aber sie gehen keinen einzigen Schritt voran. Man kann eine Sache noch nicht, wenn man nur gelehrt darüber spricht.« Es ist einfach, »gedankenvoll und tatenarm« unterwegs zu sein, zitiert er Hölderlin.[30]

> ***Was im sexuellen Bereich des menschlichen Lebens geschieht, ist nicht unabhängig von dem, was in anderen Bereichen geschieht – seien es Familie, Religion, Gesellschaft, Politik oder Wirtschaft. Ob sich Menschen frei entfalten können, ist nicht zuletzt eine Frage der Sexualität.***[31]

Diese Aussage stammt aus dem Buch »Verdammter Sex« der mutigen und gescheiten Margaret A. Farley. Die Frage der Sexualität ist für sie gleichzeitig die Frage der Freiheit und Gerechtigkeit der Geschlechter. Unterdrückte Sexualität war immer unterdrückte weibliche Sexualität. (Darüber schreibe ich ausführlich im Buch »Endlich gleich!«)

Margaret A. Farley ist Mitglied des katholischen Ordens der Barmherzigen Schwestern und war Professorin für Sozialethik an der Universität Yale. Von diesen katholischen Frauen können wir viel lernen. Für Farley hängt Freiheit mit wirklichem Wissen und Verstehen, mit Urteilsvermögen und Abwägen zusammen. Man könnte auch sagen, mit der Freiheit, selbst zu denken. Und zu lieben. Sie fragt: »Was für Menschen wollen und müssen wir eigentlich sein, um richtig zu lieben?« Und gibt gleich die Antwort: »Meiner Ansicht nach liegt der Schlüssel zu dieser Frage – im sexuellen wie in jedem anderen Bereich des menschlichen Lebens – in der Gerechtigkeit. In der Gerechtigkeit unserer Liebe, unserer Wünsche und unserer Handlungen.«[32]

Freiheit hängt mit Wissen und Verstehen, mit Urteilsvermögen und Abwägen zusammen.

Diese Auffassung von sexueller Ethik könnte doch einer Diskussion mit jungen Menschen über Sexualität zugrunde liegen. Sie bietet ganz andere Voraussetzungen für verantwortliches Handeln als Regeln und Gesetze. Wie könnte eine neue christliche Sexualmoral aussehen? Aufgrund der Überlegungen von Margarete Farley habe ich die für mich wichtigsten Grundsatzhaltungen formuliert:[33]

- Sie beruht auf dem Gebot der Liebe, nicht der Gesetzlichkeit.
- Sie beruht auf Selbstverantwortung und liebevoller Verantwortung für den anderen.
- Ihre Grundlage ist Respekt für die Autonomie jedes Menschen.

Ein Wort zu »True Love Waits« & Co.

Der heutige Grundtenor der Sexualethik in der freikirchlichen Welt (und nahestehenden katholischen Bewegungen) ist nach wie vor das Warten bis zur Ehe, die als »sexuelle Reinheit« promoted wird – eine Wortschöpfung, die es in der Bibel übrigens so gar nicht gibt.

Im Alten Testament der Bibel ist »rein« zunächst kein sexuell moralischer Begriff, sondern bezieht sich auf verschiedene körperliche Vorgänge. Dazu zählen neben Sex auch Menstruation, Ausscheidungen, Hautkrankheiten oder Vorgänge rund um den Tod. In Gottes Gegenwart darf nur treten, wer rein ist. Daher brauchte es Reinigungsrituale. Rituelle oder kultische Reinheit bezeichnet den Zustand einer Person, der es ihr erlaubt, die heiligen Stätten zu betreten und am Kult teilzunehmen.

Im Neuen Testament spricht Jesus von der Reinheit des Herzens: Was aus dem Menschen herauskommt, das macht den Menschen unrein (Markus 7,20-23). Gemeint ist alles Böse, wozu selbstverständlich auch sexuelle »Bösartigkeiten« wie Ehebruch und Unzucht (*porneia*) gehören. *porneia* ist eine allgemeine Bezeichnung für unerlaubte und unmoralische sexuelle Handlungen und ebensolchen

Geschlechtsverkehr. Also sexuelle Handlungen, die nicht in Treue, Gerechtigkeit, Übereinstimmung und gegenseitiger Hingabe stattfinden. Aber der Begriff bezieht sich auch auf »unreines« Verhalten wie Neid, Lästern, Habgier, Stehlen, Hochmut, Unvernunft, Maßlosigkeit und so weiter.

Reinheit ist demnach eine geistliche, kultisch-rituelle Kategorie, weniger eine hygienische oder moralisch-sexuelle. Die Reinheitsinterpretation der »Purity Culture« suggeriert aber Letzteres. Doch hat sich Jesus für unsere Reinheit mit seinem Leben hingegeben – das Kreuz hat die Reinheitsfrage ein für alle Mal geklärt. Reinheit also als sexuelle Enthaltsamkeit bis zur Ehe zu interpretieren, ist nicht biblisch. Dennoch findet sich dieses Narrativ überall, wo es um das Anliegen »Warten bis zur Ehe« geht.

Eine »Warte«-Ideologie, die aus der Dagegen-Haltung erwächst, bringt automatisch Heuchelei mit sich. Denn nicht jeder hat gewartet, der Warten propagiert. Und es fehlt durch Verbote der sichere Raum, um offen und echt über sexuelles Empfinden und persönliche Erlebnisse sprechen zu können.

»True Love Waits« hält junge Menschen nicht davon ab, Sex zu haben.

Von den jungen Menschen, die sich bei den »Purity Culture«-Bewegungen »True Love Waits«, »The Silver Ring Thing« oder »Moral Revolution« verpflichteten, mit dem Sex bis zur Ehe zu warten, hielten sich 88 Prozent nicht daran. Sie hatten lediglich etwa eineinhalb Jahre später Sex als der Durchschnitt.[34] Die Bewegungen wurden in den Nullerjahren von der US-Regierung massiv finanziell unterstützt. Man erhoffte sich dadurch unter anderem, die Zahl der Teenager-Schwangerschaften zu senken. Doch faktisch verzichteten Teenager deswegen nicht auf Sex, sondern im schlimmsten Fall nur auf Verhütungsmittel. Erst mit Reality-Shows wie »Sixteen and Pregnant« sank die Zahl der Teenager-Schwangerschaften dann wirklich kontinuierlich. Nach jeder Sendung stiegen die Suchanfragen im Internet zu Geschlechtsverkehr und Verhütung sprunghaft an. Junge Menschen wollten und beschafften sich Wissen.

Und übrigens, wie definiert man denn »Warten« in Sachen Sex? Wie weit ist »zu weit« und wer definiert das? Kein Petting? Kein Orgasmus? Kein Geschlechtsverkehr, also kein Penis in die Vagina? Aber alle anderen Körperöffnungen sind okay? Wer Warten propagiert, muss das auch definieren. Das ist aber schwierig bis unmöglich, »sachlich« zu begründen.

Viele (junge) Christen denken, allein der vaginale Geschlechtsverkehr sei richtiger Sex und als solcher vor der Ehe verboten. Deshalb praktizieren sie alternative Formen wie Oralverkehr, Analverkehr und Petting und sind der Meinung, sie hätten keinen Sex. Ich nenne das »ein bisschen Warten«. Andere wiederum denken, bereits ein Zungenkuss sei Sex, vermeiden deshalb jede Zärtlichkeit und stellen dann erst in der Ehe fest, dass sie den anderen vielleicht sexuell gar nicht begehren – was unter Umständen ein Leben lang problematisch bleibt. Diese Tatsache könnten sie aber bemerken, würden sie sich körperliche Nähe, Schmusen und Küssen erlauben.

MEINE PERSÖNLICHE DEFINITION VON SEX LAUTET: SICH GEGENSEITIG ZUM ORGASMUS BRINGEN.

Meine persönliche Definition von Sex lautet: sich gegenseitig zum Orgasmus bringen. Paare, die für sich also in Anspruch nehmen wollen, mit Sex bis zur Ehe zu warten, sollten sich meiner Meinung nach im Umkehrschluss nicht gegenseitig zum Orgasmus bringen.

Besserer Sex entsteht da, wo man um die Zusammenhänge weiß, sie begreift und erfährt. Dafür braucht es keinen Sex vor der Ehe. Aber es braucht eine bejahte Entwicklung der eigenen Sexualität durch Kindheit und Jugend hindurch bis ins Erwachsenenleben. Die Wartebotschaft, die meist isoliert ohne Kontext dasteht, verhindert eine gesunde Entwicklung von sexueller Identität und sexueller Selbstsicherheit. Denn sie koppelt Sexualität mit Scham- und Schuldgefühlen.

Erst die Freiheit der Verantwortung macht die tatsächlich freiwillige Entscheidung möglich, mit dem Sex bis zur Ehe warten zu wollen und zu können. Ich wünsche mir gläubige Eltern und christliche Gemeinden, die junge Paare in einer positiven Sexualmoral unterstützen und so die Ehe fördern. Denn Tatsache ist, dass sich die meisten – auch nicht gläubigen – Menschen nach wie vor diese Unterstützung und auch segnende Rituale für ihre Eheschließung und andere Lebensübergänge wünschen. Rituale und feierliche Zeremonien bilden die tief in uns angelegten Bedürfnisse und Sehnsüchte nach Segnung und wohlwollender Unterstützung von Gott und von uns nahestehenden Menschen ab.

Junge Menschen in die Partnerschaft begleiten

Mit der Eheschließung und dem Trauschein gehen Versprechen einher, die tiefe Verbundenheit, Sicherheit, Vertrauen und Fallenlassen erst möglich machen. Das gilt nicht nur für das Paar, sondern auch für die Kinder, die aus der Verbindung eventuell entstehen. Eine Eheschließung ist das stärkste mögliche Bekenntnis zur Verbindung und zur Verbindlichkeit mit einem Menschen. Und umgekehrt hat dieses Bekenntnis einen überaus hohen Wert für die Verbindung eines Paares.

Für unsere Kinder ist alles wichtig, was ihnen dabei hilft, persönliche Reife zu entwickeln, um diese Verantwortung eines Tages tragen zu können. Wie sie sich später gemeinsam als Paar weiterentwickeln und mit vereinten Potenzialen an ihrer Partnerschaft arbeiten können. Wie sie eine tragfähige Basis finden und um Treue und Verbindlichkeit ringen können. Eine sexuelle Beziehung einzugehen, bringt immer auch die Verantwortung mit sich, dass Kinder gezeugt werden können – mit allen Unsicherheiten, die damit verbunden sind.

Gerade im Kontext von Kirche und Gemeinde werden viele Jugendliche beim Start in eine Beziehung häufig noch allein gelassen. Oft ist das Einzige, was passiert, eine unangemessene Einmischung bei der Frage nach vorehelichem Sex. Nach der Hochzeit, wenn es dann tatsächlich darum geht, ein gesundes und erfülltes Sexleben zu kultivieren und zu entdecken, fehlt jungen gläubigen Paaren oft sachkundige Begleitung und der Hinweis auf hilfreiche Informationen. In meiner Beratung begegnen mir viele junge Paare, die ihr Sexleben total frustrierend finden: »Wir haben keine Ahnung, wie Sex geht. Wir genießen ihn nicht, wir leiden an Sprachlosigkeit, Ahnungslosigkeit, Unwissenheit. Wir wissen nicht, wie wir aus der Lustlosigkeit herausfinden können.«

Junge Menschen brauchen kompetente Gegenüber, die sie in ihren Fragen ernst nehmen und sie in ein mündiges Leben hinein befähigen. Das ermöglicht ihnen, eigene, gesunde Entscheidungen zu treffen. Auf diese Weise werden junge Menschen ihr Beziehungs- und Sexleben auch eher unter diesen Aspekten einordnen können:

- Tut es mir gut?
- Tut es dem anderen gut?
- An welchem Punkt steht die gemeinsame Beziehung?
- Passt da sexuelle Aktivität schon rein?

Begegnen wir uns gerecht und gleichberechtigt?

Können wir füreinander Verantwortung übernehmen?

Kann ich, können wir mit den Verpflichtungen umgehen, die Sex haben beinhaltet?

Könnten wir für ein Kind, das entstehen könnte, Verantwortung übernehmen?

Zurück zu Margaret A. Farley. Sie hat die wichtigsten Kriterien für verantwortungsvolles Handeln in Partnerschaft und Sexualität formuliert, die den gesamten Sex-Kontext umspannen und als Leitlinien für eine neue Sexualethik dienen können:[35]

- Unversehrtheit: keinen Schaden zufügen
- Einvernehmlichkeit: Selbstbestimmung
- Gegenseitigkeit: geben–nehmen, aktiv–passiv
- Gleichheit: Macht
- Verbindlichkeit: Beständigkeit und Freundschaft
- Fruchtbarkeit: früher ein Muss, heute verantwortungsvolle Sorge, wenn Sex zur Zeugung führt
- Soziale Gerechtigkeit: Respekt gegenüber jedem Mitglied der Gesellschaft

Anhand dieser Kriterien können sich junge Paare selbst überprüfen oder mit anderen über ihre Beziehung sprechen, wenn sie wollen:

Entspricht die Beziehung und der Umgang miteinander dem Kriterium der **Unversehrtheit**? Gestaltet sich die Beziehung (und die Sexualität) so, dass keiner dem anderen Schaden zufügt? Ist die Beziehung frei von Demütigung und Abwertung? Frei von jeglicher körperlichen, emotionalen und sexuellen Gewalt? Wird niemand zu Sex oder zu Praktiken gezwungen, die er nicht möchte? Wird Sexualität in einer Beziehung so gelebt, dass niemand gezwungen sein könnte, eine Ausbildung abzubrechen oder Körper und der Seele zu schaden, beispielsweise durch eine unerwünschte Schwangerschaft oder eine Abtreibung?

Entspricht die Beziehung dem Kriterium der **Einvernehmlichkeit** und damit der Selbstbestimmung? Ist die Beziehung frei von Überreden, Drängen, Manipulieren, Zwingen, Erpressen? Frei von Überlisten und Verführen? Können beide Ja und Nein sagen und wird das vom anderen respektiert?

Entspricht die Beziehung dem Kriterium der **Gegenseitigkeit**? Dürfen beide gleichermaßen stark und schwach sein? Aktiv und passiv? Geben und nehmen? Fühlt es sich ausgeglichen an? Oder liebt und gibt einer mehr als der andere und opfert sich auf?

Entspricht die Beziehung dem Kriterium **Gleichheit**? Gestaltet sich die Beziehung auf Augenhöhe und ist die Macht ausgeglichen? Sowohl geistig wie praktisch und auch sexuell? Gibt es eine ausgeglichene Lastenverteilung? Werden die Bedürfnisse und Wünsche beider respektiert? Tragen beide gleichermaßen Verantwortung für alle Belange der Beziehung?

Entspricht die Beziehung dem Kriterium **Verbindlichkeit**? Zeichnet sich die Beziehung durch Beständigkeit und Freundschaft aus und nicht nur durch sexuelle Bedürfnisse, die gestillt werden wollen?

Entspricht die Beziehung dem Kriterium **Fruchtbarkeit**? Gibt es die Bereitschaft von beiden für die verantwortungsvolle Sorge für ein mögliches Kind? Haben sich beide gemeinsam gründlich mit dem Thema Verhütung auseinandergesetzt? Ist die Verhütung besprochen und klar geregelt? Wird die Verhütung von beiden ernst genommen? Sind mögliche Konsequenzen besprochen?

Entspricht der eigene Lebenswandel dem Kriterium der **sozialen Gerechtigkeit**? Gehe ich mit mir selbst und anderen Menschen so um, dass ich jedem Mitglied der Gesellschaft Respekt erweise? Dieser Punkt schließt jegliche Form von Respektlosigkeit, Ausbeutung, Übergriff, sexualisierte Gewalt und (für mich) auch käuflichen Sex definitiv aus.

Mündige Paare können sich auf dieser Grundlage ernsthaft miteinander auseinandersetzen und für sich überprüfen, wie weit ihre Verbindung diesem moralisch verantwortungsvollen Commitment entspricht und nicht egoistischen Zielen dient. Auf der Grundlage einer solchen Sexualethik könnte Sexualität in unseren Kirchen und Gemeinden vermittelt und gelebt werden. Aufgrund dieser Sexualethik könnte Sexualität in Gemeinden vom irgendwie »Schmutzigen« und »Zerstörerischen« freigesprochen und neu wertgeschätzt werden. Damit würden wir den Weg ebnen zu einer umfassenden Geschlechterversöhnung und zu allen drängenden Genderfragen auch in unseren Kirchen und Gemeinden und dann in die Gesellschaft hinein. Sex, Rollenbilder, Gleichstellung und Genderfragen haben einen direkten Zusammenhang.

Mit allen Sinnen genießen – ein Gottesgeschenk

Gott hat uns als geschlechtliche Wesen geschaffen und uns damit die Möglichkeit gegeben, neues Leben zu zeugen. Auch deshalb wohnt der Sexualität diese große Faszination und Bedeutung inne, der sich wohl niemand entziehen kann. Wir alle entstammen diesem ganz besonderen von Gott geschenkten Ritual und können selbst neues Leben weitergeben. Damit haben wir am übergeordneten Lebenszyklus teil. Und es bereitet uns Lust – Lust am Leben, an der Zeugungskraft, an der Verbundenheit, aneinander, an der Liebe. Der reformierte Theologe Andreas Kessler schreibt im Beitrag »Kultur der Lust ohne Christentum« auf RefLab.ch:

> ***Das Christentum in seinen vielfachen Ausprägungen ist nicht sexualfeindlich, sondern hat ein grundlegenderes Problem, das ihm bis heute tief in den Knochen und Eingeweiden steckt: der Umgang mit der Lust. Weil es bis dato keine (auch nicht christlich-feministische) breit rezipierte christliche Lusttheologie gibt, ist aus dieser religiösen Tradition nichts wirklich Konstruktives zu lernen.***[36]

Laut Andreas Kessler gibt es dieses Lernen deshalb nicht, weil die gesamte Sinnlichkeitserziehung über mehrere Generationen völlig außer Acht gelassen wurde: »Nicht nur die Sexualität, auch das Lachen, das Spiel, die verschiedenen Schauspiele, die Musik und die bildende Kunst waren im Laufe der Christentumsgeschichte immer wieder verdächtig beäugt bis abgewertet worden. ... Es steckt in uns ein tiefes Misstrauen gegenüber menschlichen Freuden, die aus purer Lust genossen werden.«

Für Kessler hat die christliche Tradition keinen konstruktiven Beitrag zu einer reflektierten Lust- und Experimentierkultur in Bezug auf Körper, Rolle und Geschlecht. Er bezweifelt sogar, dass die Lustkultur überhaupt eine religiöse Tradition hat, und schreibt: »Vielmehr wird aus der Lust an der Erkenntnis unter theologischer Männerhand das hartnäckige Rollenbild der Frau als Verführerin, die sexuelle Lust wird in einen engen Konnex mit der Erbsünde gebracht, der Verzicht auf und die Eindämmung der sexuellen Lust zur Voraussetzung gottgefälligen Lebens.«

Kessler geht so weit, dass er feststellt, dass in unsere christlichen Körper eine »Kultur der sexuellen Lusthemmung und entsprechender Disziplinierung eingeschrieben« wurde, was sich in der starken Dagegen- und Verbotskultur zeigt, von der schon die Rede war. Diese Kultur werde durch unser »entsprechend formatiertes Gewissen kontrolliert«, sichtbar in Scham bis zu Selbsthass.

Der allgemeine Körperhass ist kein rein christliches Phänomen. Doch gepaart mit der Lustfeindlichkeit entsteht eine weitverbreitete eigentliche Körperstörung, die sich vor allem häufig bei jungen Frauen manifestiert.[37] Darum ist die (sexuelle) Identitätsfindung in der Pubertät für junge Frauen ganz besonders herausfordernd. Bei ihnen zeigen sich Störungen wie Magersucht, Selbstverletzung und inzwischen auch Geschlechtsdysphorie wesentlich häufiger als bei Männern.

Vieles, was als »biblisch« bezeichnet wird, ist Interpretationssache oder kulturell gewachsen.

Soweit eine Bestandsaufnahme. Soll das die Zukunft unserer Jugendlichen sein? Die gute Nachricht ist: Als Eltern haben Sie die Möglichkeit, eine Kultur zu etablieren, die Ihren Kindern – der neuen Generation – die Lust an der Lust auf eine gute Art und Weise zugänglich macht.

»Regeln sind zum Brechen da«, kann man wohl angesichts des Reality-Checks der christlichen Sexualnormen schlussfolgern. All die Verbotsbotschaften und Zerstörungsbilder von Sexualität werden von junggebliebenen hippen Kirchen unwidersprochen neu aufgelegt:[38] der angeschnittene Kuchen, der angebissene Apfel, der Klettverschluss, der nicht mehr hält, weil er zu oft auseinandergerissen wurde – alles Bilder, die Menschen vermitteln, dass ihre sexuellen Empfindungen zunächst einmal zerstörerisch sind und man sie »eindämmen« muss.

Wenn wir genau hinschauen: Der Begriff »Sünde« ist im Zusammenhang mit Sex allgegenwärtig. Und das nicht nur in Gemeinde und Kirche. Auch in der Werbung ist diese Synapse dauernd präsent. Das allein genügt, um den Druck aufrecht zu halten. Deshalb fühlen sich extrem viele junge und genauso gestandene Christenmenschen mit ihrer Sexualität schlecht, beschämt und als Versagende gegenüber Gott, ohne aber diese Tatsache richtig wahrnehmen und benennen zu können. Die Auswirkungen zeigen sich oft erst später in einer Beziehung.

LEGEN WIR DIE FURCHT VOR DER SEXUALITÄT AB UND EROBERN GOTTES GENIALE IDEE DARIN ZURÜCK. SEX IST EINE BEREICHERUNG.

Kein anderes Lebensthema ist mit so engen Regeln verknüpft wie Sexualität. Kein anderes Thema weckt so viele Ängste. An Sexualität mit innerer Freiheit heranzugehen – das ist ein wichtiges Ziel für Eltern, die ihre Kinder hilfreich aufklärend begleiten wollen, und der entscheidende nächste Schritt für die christliche Lebenswelt.

Doch wird Sexualität aktiv gelebt, schafft dies nicht nur wichtige körperliche und emotionale Nähe (auch zu sich selbst), sondern damit sind wahre Gesundheitsbooster verknüpft. Zwanzig Minuten sexuelle Aktivität regt den Botenstoff Dopamin an. Dopamin bewirkt einen intensiven und anhaltenden Stressabbau. Seine opiumähnliche Substanz lässt Schmerzen vergessen, besonders Kopf- und Gelenkschmerzen. Auch die Ausschüttung von Serotonin und Endorphinen nimmt mit Dauer der sexuellen Aktivität zu und führt zu Glücksgefühlen. Kommt es dann zum Höhepunkt, folgt eine wahre Schwemme weiterer Hormone wie Oxytocin. Das Kuschelhormon versorgt die Menschen auch durch die Selbstliebe.

Sexuelle Aktivität ist ein Jungbrunnen. Beim Orgasmus wird Somatropin, ein Wachstumshormon aus der Hypophyse (einer Hormondrüse), ausgeschüttet. Es macht die Haut elastischer und lässt einen jünger aussehen. Jede Ejakulation verbessert die Prostata-Gesundheit und fördert das Ausschwemmen infektiöser Keime. Der Orgasmus kann den Zyklus der Frau regulieren. Wer einen unregelmäßigen Zyklus hat, sollte mindestens einmal pro Woche sexuell aktiv sein. Außerdem haben Frauen, die während ihrer Periode masturbieren, weniger Krämpfe. Ein Orgasmus stärkt die Abwehrkräfte und baut Antikörper auf, stärkt somit das Immunsystem. Orgasmen machen intelligent. Grund ist die nachfolgende Entspannung, durch die das Gehirn mehr Nervenzellen produzieren kann. Und der Orgasmus ist ein Schlafmittel, er senkt das Stresshormon Cortisol und steigert die Östrogenwerte, was uns nach dem Sex in einen tiefen Schlaf fallen lässt.

Legen wir also die Furcht vor der Sexualität ab und erobern Gottes geniale Idee darin zurück. Sex ist eine Bereicherung!

ZUM ABSCHLUSS
ALLES HAT
MIT ALLEM ZU TUN –
VERTRAUEN INS LEBEN
GEWINNEN

Die wenigsten Menschen wurden wirklich freiheitlich erzogen. Die wenigsten können deshalb in aller Freiheit über Sexualität sprechen. Doch alles hat mit allem zu tun. Die Normen der Gesellschaft und der kirchlichen Gemeinschaften, der eigene Sex, die sexuelle Zufriedenheit und die Erziehung und Aufklärung von Kindern und Jugendlichen – alles hängt unmittelbar zusammen. Deshalb müssen viele Erwachsene erst selbst Scham, Hemmungen, Vorurteile und rigide Moralvorstellungen überwinden, um ein sprachfähiges, authentisches und kompetentes Gegenüber für Kinder und Jugendliche zu sein.

Gott ist keine moralische Instanz, kein »himmlischer Aufpasser«. Das wird ihm nicht gerecht. Paulus nennt ihn einmal den Vater aller Vaterschaft, und Jesus selbst stellt ihn als liebenden Vater vor, gerecht, wegweisend und durch und durch Liebe wie niemand sonst. Auch wenn wir uns mit Sex befassen, tun wir das mit diesem Vaterverständnis von Gott.

Gut gemeint ist nicht gleich gut gemacht. Auch wenn gesunde Grenzen in Bezug auf Sexualität wichtig sind, stellt sich dennoch immer die Frage, wer für wen welche Grenzen wie definieren und setzen soll und darf. Nicht die christliche Gemeinde sollte den Menschen Grenzen setzen, sondern Menschen sollten dazu befähigt werden, sich zu ihrem eigenen Schutz selbst Grenzen zu setzen. Denn selbstverständlich braucht der Mensch Schutz, besonders auch in der Sexualität. Ein wichtiger Schutzfaktor sind vertrauensvolle Beziehungen – zu Menschen und zu Gott – und die freiheitliche sexuelle Wissensvermittlung.

Betrachten wir das Thema Sexualität also aus einer grundlegend neuen Perspektive: aus dem Blickwinkel von Verantwortung und Freiheit. Ein großer Bogen – ich weiß. Dazu gäbe es viel zu sagen. Ich selbst habe dazu schon viel geschrieben. Der freie, verantwortungsbewusste Mensch ist quasi mein Lebensthema. Großartig zusammengefasst und auf den Punkt gebracht hat Joachim Gauck diesen Lebensbogen in seiner Rede »Freiheit und Verantwortung – Herausforderungen in einer unsicheren Welt«[39].

In dieser Rede attestiert der ehemalige Bundespräsident Deutschlands seiner Nation eine Neigung »zur neurotischen Feindschaft gegen das Eigene«. Obwohl er das politisch meint, lassen sich seine Aussagen eins zu eins auf eine religiös geprägte Sexualmoral übertragen. Die gravierenden Folgen dieser Feindschaft gegen das Eigene, nämlich gegen den von Gott geschaffenen Menschen als sexuelles Wesen mit sexuellen Bedürfnissen, ist eine scham- und schuldbehaftete sexuelle Identität. Viele Christen leiden darunter, weil sie denken, sexuelle Lust wäre per se Sünde.

Vermitteln wir doch unseren Kindern gute Grundlagen für ein gelingendes Leben. Geben wir ihnen doch eine starke Persönlichkeit mit auf den Weg, statt eine latente Feindschaft gegen sich selbst. Prägen wir doch eine positive, wertschätzende Botschaft zum Leben und zur Geschlechtlichkeit des Menschen. Fördern wir Selbstvertrauen und Selbstannahme.

Joachim Gauck sagt:

> ***Gott schuf den Menschen mit einer geheimnisvollen Gabe, die kein anderes Geschöpf hat, sondern nur er. Der Mensch kann sich selber erkennen und für sich selber und für andere Verantwortung übernehmen. Er kann das in Liebe tun, er kann es mit Mut tun, mit Ängstlichkeit – aber er ist immer gemeint als der, der diese besondere Fähigkeit besitzt, über die niemand anderes sonst auf der ganzen weiten Welt verfügt: Er kann Verantwortung übernehmen.***

Trauen wir doch erwachsenen Menschen, aber genauso unseren Kindern und Jugendlichen, diese Verantwortungsübernahme zu!

Wenn Freiheit keine Angst mehr auslöst

Verantwortung ist ein mächtiges Wort, das erdrücken kann, vor allem wenn es mit hohen Erwartungen (eigenen und äußeren) verknüpft ist. Doch so eine Erwartungs-Verantwortung ist nicht gemeint. Gemeint ist Reaktions-Verantwortung – die Fähigkeit, verantwortlich auf etwas zu reagieren, das sich einem (positiv oder negativ) in den Lebensweg stellt.

Die verunsicherte Menschheit braucht neue, an die Zeit angepasste Kompetenzen. Gauck nennt die Gesellschaft, die der heutigen Zeit vorausgegangen ist, eine »fest verortete«, in der jeder seinen Platz kannte. Zwar in vielem auch unfrei, aber eingeordnet in einer gewissen Rollensicherheit. Die Moderne hat die Menschen aus dieser festen Verortung herausgelöst in den Individualismus und mutet uns nun zu, grundlegende Dinge selbst zu entscheiden. Eine nie gekannte Freiheit kann tatsächlich überfordern. Dazu nochmals Gauck:

> ***Der große Psychologe Erich Fromm und der große Philosoph und Politikwissenschaftler Karl Popper haben mehrfach darüber gesprochen, dass es verborgen unter den verschiedenen Ängsten so etwas wie eine Grundangst gibt, die die Menschen gar nicht so genau definieren können. Ein diffuses, verunsicherndes Grundgefühl: die Furcht vor der Freiheit. Eine nicht völlig von uns erkannte, uns aber immer begleitende Furcht vor dem weiten Raum der Freiheit.***

Diese Furcht vor dem weiten Raum der Freiheit begegnet mir konstant in vielen Diskussionen rund um Sexualität. Einmal ist es die

Furcht vor dem eigenen Raum der Freiheit, ein andermal die, dass einem anvertraute Menschen mit allzu viel Freiheit falsch umgehen können und deshalb enge Führung brauchen. Doch enge Führung erlaubt es einem Menschen gerade nicht, innere Stärke und daraus Mündigkeit zu entwickeln.

Ganz klar – Lust muss kultiviert werden, wie alle menschlichen Bedürfnisse auch. Nicht, indem man sie problematisiert oder gar dämonisiert. Auch nicht, indem man sie zum eigentlichen Lebenssinn erklärt und ins Zentrum von allem stellt. Sondern indem sie wahr- und angenommen und kreativ entwickelt wird, für einen selbst und dann auch für ein gleichwertiges, respektiertes Gegenüber. Untersuchungen zeigen: Je mehr junge Menschen über Sexualität wissen, desto später haben sie den ersten Sex. Die große Frage ist nicht, ob Christen über Sex und Lust sprechen sollten, sondern wie wir es tun!

Es gibt eine diffuse Grundangst des Menschen: die Furcht vor dem weiten Raum der Freiheit.

Natürlich haben Regeln und Ordnungen in jedem Miteinander ihren Platz: in der Familie, in der Gemeinde, im gesellschaftlichen Gefüge. Und natürlich sind uns mit Gottes Geboten hilfreiche Grenzen gesetzt. Sie lassen uns aber genug Spielraum, um sich innerhalb dieser Grenzen eigenverantwortlich zu bewegen. In der christlichen Lebenswelt bräuchte es eine ständige offene Auseinandersetzung darüber, wie Gebote in der Jetztzeit interpretiert und angewendet werden sollen. So, wie es das Judentum in seinen vielen rabbinischen Auslegungsschulen seit jeher tut. Dazu sind diese beiden Elemente entscheidend:

- Menschen zur Übernahme von Selbstverantwortung zu befähigen.
- Menschen Kompetenz und Wissen zu Sexualität zu vermitteln.

Ich bin überzeugt, dass das Evangelium zu einer gesunden Persönlichkeitsentwicklung führt, einschließlich der Sexualität. Wie schön wäre es, wenn unsere Kinder und die zukünftigen Generationen von Christinnen und Christen frei von ungesunder Scham leben und lieben könnten. Dazu braucht es aus meiner Sicht eine Kultur der Verheißung.

Gott hat den Menschen körperlich und sexuell geschaffen und dazu gesagt: »Sehr gut!« Wir brauchen eine positive christliche Sexualethik, die Menschen aufbaut, ihre Identität stärkt und sie selbstsicher werden lässt – zuallererst unsere Kinder. Denn nur ein selbstsicherer Mensch kann Ja und Nein sagen.

Macht die Gemeinde aus uns bessere Menschen?

Die christliche Gemeinschaft hat das Potenzial, Freude und Begeisterung zu vermitteln und positive Veränderung anzustoßen. Doch ebenso kann sie auch Verbissenheit und Freudlosigkeit fördern. Dann tut Glaube der Seele nicht mehr gut. Wir müssen zudem das Dreieck »Junge Menschen – Gemeinde – Eltern« bedenken. Die Rolle der Eltern und die Rolle von Kirchen und Gemeinden driften immer mehr auseinander. In meiner Beobachtung haben sich viele Eltern persönlich bereits von den starren Normen der Gemeinde wegbewegt. Deshalb sind Jugendliche oft in diesem Zwischenraum hin- und hergerissen oder alleingelassen.

Ich ermutige Sie als Eltern: Schauen Sie sich an, was in Ihrer Gemeinde, in den Jugendkreisen und in den Kinder-Veranstaltungen zum Thema Sexualität passiert. Fragen Sie nach, was Haltungen und Überzeugungen sind. Treten Sie mit den Menschen, denen Sie auch in der Gemeinde Ihre Kinder anvertrauen, in Beziehung. Wenn Sie bei Ihren Kindern eine Spannung zwischen Ihrer eigenen Familienkultur und dem feststellen, was sie aus der Gemeinde mitbringen, dann ist es höchste Zeit, sich einzubringen.

Nicht nur die Familie, auch die Gemeinschaft der Gläubigen sollte ein sicherer Ort sein. Sicherheit ist ein Schlüsselbegriff der modernen Psychologie. Diese Art von Sicherheit ist nicht etwas, das man einer Gruppe von außen überstülpen kann, sondern sie entsteht innerhalb einer Gruppe – durch jeden und jede Einzelne, der/die Verantwortung übernimmt. Den größten Einfluss darauf haben die Leitungspersonen, den zweitgrößten die Mitglieder der Gruppe.

Wohlwollend umgebende Präsenz

Unzählige Vorträge und Interviews zum Thema Sex liegen hinter mir. Im Laufe der Zeit wurde mir einiges unterstellt, zum Beispiel, dass ich Grenzenlosigkeit propagieren würde. Das Gegenteil ist richtig: Ich halte Grenzen für ausgesprochen wichtig. Meine langjährige Berufserfahrung hat mich sehr geprägt in meinem Verständnis davon, wie Menschen befähigt werden, selbst Verantwortung zu übernehmen.

Mein pädagogischer Hintergrund wiederum prägt meine Sicht des Evangeliums, meine Geschichte mit Gott, mein Verständnis von Gott, meine Beziehung zu Jesus, mein Bekenntnis. Ich lasse mich davon inspirieren, wie Gott und Jesus in der Bibel Lerninhalte transportieren, die Halt geben und ihre heilende Wirkung entfalten – sozusagen der »pädagogische Gott« und der »heilpädagogische Jesus«. Was ich da erkenne und selbst erfahre, hat meine Familienphase mit unseren vier eigenen Kindern und Pflegekindern stark geprägt. Es prägt heute meinen Blick auf meine Enkelkinder und überhaupt den Blick auf Kinder,

Jugendliche und Erwachsene, mit denen ich während einer bestimmten Zeit im Leben eine Wegstrecke zurücklege.

Kinder – und übrigens auch Teenager! – sind eine wunderbare Gabe. Durch sie können wir viel über uns selbst lernen. Mal machen sie uns mehr und mal weniger glücklich. Doch uns glücklich zu machen ist ja auch überhaupt nicht ihre Aufgabe. Kinder und Teenager sind *unsere* Aufgabe. Eine, die wir bewusst und trotzdem mit leichtem Herzen anpacken sollten. Kinder sind uns nur für eine gewisse Zeitspanne anvertraut. Etwa zwanzig Jahre unseres Lebens. Davor und danach liegen weitere Lebensphasen, in denen wir uns anderen Projekten widmen können. Aber für diese begrenzte Zeit lohnt es sich, sein Bestes zu geben. Und dieses Beste ist nicht Leistung, sondern Ansprechbarkeit. Das habe ich mir über die Familienphase immer wieder selbst in Erinnerung gerufen. Kinder sollten nicht unsere Projekte sein, sondern umhüllt werden von unserer wohlwollenden Präsenz, die ihnen auch Widerstand bietet. Denn an unserem behutsamen Widerstand richten sich unsere Kinder auf und werden stark für ihr eigenes Leben, in das sie irgendwann ausfliegen werden.

KINDER SOLLTEN NICHT UNSERE PROJEKTE SEIN, SONDERN UMHÜLLT WERDEN VON UNSERER WOHLWOLLENDEN PRÄSENZ.

Obwohl wir uns momentan mitten in einem konservativ-religiösen Backlash befinden, den ich nicht für möglich gehalten hätte und sehr bedauere, sehe ich trotzdem ermutigende Veränderung, wenn ich auf meine sechzig Jahre christliche Lebenswelt zurückblicke. Veränderung ist keine Ziellinie, sie ist ein fortlaufender Prozess. Veränderung erfordert Bewegung im Denken. Man muss alte Annahmen überprüfen und gegebenenfalls weglegen. Es ist eine Art Umparken im Kopf. Und das geschieht nie ohne Bedenken. Denn man befürchtet natürlich, dass mit der Veränderung nicht nur das Negative verschwindet, sondern auch Positives abhandenkommt.

Veränderung wird da sichtbar, wo sich viele kleine Anzeichen häufen. Und diese sehe ich. Ich bin fest davon überzeugt, dass aus pädagogischem Zutrauen Mündigkeit entsteht. Und: Ich sehe mündige Menschen, die eigene Schlüsse ziehen und sich selbst auf einen besseren Weg begeben. Sowohl beim Thema Sexualität als auch im Hinblick auf Beziehungen und Gerechtigkeit der Geschlechter. Ich sehe Christinnen und Christen, die sich eigene Entscheidungen zutrauen. Die sich selbst trauen, ihrem eigenen Lebensentwurf, ihrer eigenen Beziehung zu Gott, ihrem eigenen Empfinden, ihren eigenen Wahrnehmungen und ihren eigenen Erkenntnissen.

Es ist meine Hoffnung, dass dieses und alle meine Bücher der letzten Jahre Menschen auf diesem Weg hilfreich begleiten.

Veronika Schmidt

ANMERKUNGEN

1 Definition nach dem Stufenmodell von Erik Homburger Erikson, deutsch-amerikanischer Psychoanalytiker, 1902–1994.

2 Das Standardwerk zum Thema ist beispielsweise: Dr. Rolf Oerter, Prof. Dr. Leo Montada: Entwicklungspsychologie (Beltz PVU, 2002).

3 Sexual- und Verhütungsverhalten von Jugendlichen und jungen Erwachsenen in Deutschland. Aktuelle Ergebnisse der Repräsentativbefragung »Jugendsexualität«: https://link.springer.com/article/10.1007/s00103-021-03426-6

4 Das Buch »Sex. Alles, was dich interessiert« erscheint parallel zu diesem im SCM Verlag. Es ist für Teenager gedacht, ist aber sicher auch für Sie als Eltern interessant.

5 Links zum Thema: https://www.watson.ch/schweiz/wissen/355730010-sexualkunde-bei-der-sexuellen-aufklaerung-bauen-vaeter-auf-die-schule; https://www.tagesanzeiger.ch/vaeter-sind-genauso-faehig-wie-muetter-680002645494

6 Ein gutes Buch zum Thema: Reinhard Winter: Jungen & Pubertät (Beltz 2020).

7 Hinweis zum Print-Produkt: Leider ist die aktuelle Auflage momentan vergriffen. Eine weitere Auflage wird gerade geprüft. Online gibt es hier weitere Informationen: www.ejwue.de/service/praevention-sexuelle-gewalt

8 https://www.tagesanzeiger.ch/warum-heissen-schamlippen-schamlippen-794437643828

9 Siehe hierzu auch den Film »Pray Away« (2020) zur Geschichte der Konversionstherapie und des Vereins »Exodus«

10 Wie wissenschaftliche Untersuchungen ergeben haben, wird die Intelligenz zu 45 % bis 55 % genetisch vererbt. Das heißt, dass familiäre und persönliche Umstände ebenfalls einen überaus wichtigen Beitrag leisten. https://bessergesundleben.de/studie-bestaetigt-die-intelligenz-wird-von-der-mutter-vererbt/

11 Claire Ainsworth fasste für die Zeitschrift »Nature« Studien zusammen, die dokumentieren, dass manches, was man für unmöglich hielt, in der Natur doch vorkommt. Deutsche Übersetzung: https://www.spektrum.de/news/die-neudefinition-des-geschlechts/1335086

12 https://www.tagesanzeiger.ch/ich-habe-eine-ueberstuerzte-entscheidung-getroffen-151038006201

13 https://www.tagesanzeiger.ch/wieso-junge-frauen-ihre-koerper-nicht-mehr-sehen-koennen-959688936804

14 Ebd.
15 https://www.zhaw.ch/de/psychologie/forschung/medienpsychologie/mediennutzung/james/
16 https://www.klicksafe.de/service/aktuelles/news/detail/neue-studie-zu-pornografie-im-internet-kinder-sehen-frueh-und-ungewollt-hardcore-filme/
17 https://www.focus.de/familie/eltern/grafiken-zeigen-so-alt-sind-jugendliche-in-deutschland-beim-ersten-sex_id_12749332.html
https://www.bzga.de/presse/pressemitteilungen/2020-12-03-erste-ergebnisse-der-neuen-befragungswelle-bzga-studie-jugendsexualitaet/
18 Checkliste der Organisation ACT212 für Anzeichen bei jugendlichen Opfern
19 Anonymes Meldeformular: https://www.act212.ch/menschenhandel/loverboys
20 https://www.bundeskriminalamt.at/305/files/Flyer_OHNE_SIE_GEHT_ES_NICHT.pdf
21 Jesper Juul: Aus Erziehung wird Beziehung. Authentische Eltern – kompetente Kinder (Herder 2005).
22 Lars Mandelkow: Der Bullerbü-Komplex – und die Kunst, es gut sein zu lassen. (SCM Hänssler, Holzgerlingen 2020).
23 https://www.gerald-huether.de/
24 Ebd.
25 http://www.infosekta.ch/media/pdf/Erziehungsverstandnisse_in_evangelikalen_Erziehungsratgebern_und_kursen__infoSekta_2013.pdf (Interview mit Remo Largo S. 40)
26 Vielleicht kämpfen Sie mit den Folgen von erlebtem elterlichem Sadismus, neigen selbst zu elterlichem Sadismus oder stellen sogar ehelichen Sadismus in ihrer eigenen Beziehung fest? Oder Sie haben geistlichen Sadismus (Missbrauch) erlebt? Oder Sie wollen einfach wissen, wie Sie schlechte Prägung verhindern und gute, liebevolle Beziehungen führen, die Wahrnehmung von sich selbst verändern und die Beziehungen in Ihrem Leben radikal verbessern können? Dann empfehle ich Ihnen das Therapiebuch von Dr. David Schnarch »Brain Talk« (Kösel 2020).
27 Hermann, Treibel: Studie der Uni Heidelberg, 11.2010, http://www.frg.de.tf/
28 Sexual- und Verhütungsverhalten von Jugendlichen und jungen Erwachsenen in Deutschland. Aktuelle Ergebnisse der Repräsentativbefragung »Jugendsexualität«: https://link.springer.com/article/10.1007/s00103-021-03426-6
29 Daniel Zindel: Hüttenzeit. Bergweisheiten für das gute Leben im Tal (SCM R.Brockhaus 2018), S. 11.
30 Vgl. Zindel, S. 11.
31 Farley, S. 11.

32 Farley, S. 12.

33 Sie entsprechen auch den Ausführungen im Buch »Liebeslust« im Schlusskapitel, in dem ich ausführe, wie wir jungen Menschen Sexualität sinnvoll und lustvoll weitergeben und darüber reden können.

34 https://www.tagesspiegel.de/meinung/wer-dem-sex-abschwoert-bushs-keuschheitskampagne-hilft-nicht-gegen-aids/500018.html
Gemäß einer Yale-Studie brechen derweil 88 Prozent der Jugendlichen ihr Keuschheitsgelübde. Danach haben sie überdurchschnittlich viel Sex, schließlich gibt's etwas nachzuholen. Das wiederum führt zu überdurchschnittlich vielen unehelichen Kindern, da die »Jungfrauen« nicht über Verhütung aufgeklärt sind.
Einige Studien ergaben, dass Schüler, die Enthaltsamkeitsversprechen ablegen, beim ersten Verkehr weniger häufig ein Kondom verwendeten. Eine Studie der Columbia University und der Yale University kam zu der Ansicht, dass die Wahrscheinlichkeit, dass ein Jugendlicher, der ein Enthaltsamkeitsversprechen ablegte hätte, sich eine sexuell übertragbare Krankheit zuzöge, etwa gleich hoch sei wie bei denjenigen, die kein solches Versprechen abgelegt hätten. Die Studie stellt fest, dass Keuschheitsversprechen den ersten Geschlechtsverkehr etwa anderthalb Jahre verschieben.

35 Normen für sexuelle Gerechtigkeit nach Farley, vgl. Margaret A. Farley, Verdammter Sex, (Theiss 2014) S. 238–256.

36 https://www.reflab.ch/kultur-der-lust-ohne-christentum/

37 Sind Sie selbst als Frau oder Mann davon betroffen oder möchten Sie sich eingehender mit diesem Thema befassen, empfehle ich Ihnen das Buch »Schön ohne Aber« (SCM Hänssler 2020), herausgegeben von Eva-Maria Admiral und Annette Friese: Wahre Lebensgeschichten von Frauen und Männern, die den Körperhass überwanden und zu Körperliebe fanden.

38 So zum Beispiel im Buch von Tobias Teichen und Christian Rossmanith: Love, Sex, God: Der etwas andere Weg (SCM R.Brockhaus 2021), S. 40 und 58. Was an dessen Begründungen auffällt: Es wird fast ausschließlich von wahllosen und zahllosen Sexkontakten ausgegangen und nirgends auf die Selbstliebe oder verbindliche Liebesbeziehungen eingegangen. Es gibt für die Autoren also nur zwei Extreme: entweder keusch bis zur Ehe oder »alles zu vögeln, was nicht bei drei auf einem Baum ist«. Zudem ist das Buch aus einer krass männlichen Sichtweise geschrieben. Und der positive Effekt der Hormone wird zwar betont, aber sogleich auf die nachfolgende »Zerrissenheit« hingewiesen. Generell wird nie erwähnt, dass sich die positiven Effekte eines Orgasmus auch bei der Selbstliebe einstellen und diese eine sinnvolle Form darstellt, legitime sexuelle Bedürfnisse zu stillen. So schreibt Rossmanith auf S. 58: »Dank Glückshormonen wie Dopamin geht es einem nach dem Sex auch kurzfristig erst mal besser. Allerdings wird dann gleich-

zeitig eine neue (Kurzzeit-)Bindung zu der neuen Person aufgebaut, die wieder zerrissen wird, wodurch eben die negativen psychischen Konsequenzen folgen und sich die Spirale immer tiefer bohrt.« Teichen formuliert: »Sex hat viele positive Auswirkungen, kann aber bei einem falschen Umgang auch sehr großen Schaden bei dir und deinen Mitmenschen anrichten.«

39 https://www.joachim-gauck.de/deutschland-europa/2019/katholische-akademie-bayern/
https://www.zeit.de/2019/08/joachim-gauck-deutschland-hass-liebe-bibel

NOTIZEN

Veronika Schmidt

SEX

Alles, was dich interessiert!

Dieses Buch begleitet Teenager auf dem Weg ins Erwachsenwerden, in direkter Ansprache. Immer mit dem Ziel, dass sich aus Mädchen und Jungs selbstbewusste, junge Frauen und Männer entwickeln, die wissen, wer sie sind, und die sich ihrer gottgegebenen Sexualität nicht schämen.

Flexcover, 14,8 × 21 cm, 288 Seiten
Nr. 396.119, ISBN 978-3-7751-6119-0
Auch als E-Book

Veronika Schmidt

LIEBESLUST

Unverschämt und echt genießen

Schöner und lustvoller Sex muss kein Wunschtraum bleiben. Viele Ehen erleben irgendwann eine Sexmüdigkeit. Doch das kann sich ändern. Dieses Buch zeigt, wie wir neue Lust empfinden und mehr Freude am Sex bekommen können. Denn: Liebe und Leidenschaft sind lernbar.

Flexcover, 16,5 × 23,5 cm, 272 Seiten
Nr. 395.665, ISBN 978-3-7751-5665-3
Auch als E-Book

Veronika Schmidt

ALLTAGSLUST

Ganz entspannt zum guten Sex

Guter Sex ist nicht nur möglich, sondern nötig. Die Erfolgsautorin Veronika Schmidt widmet sich in ihrem neuen Buch dem ganz normalen Alltag.

In gewohnt erfrischender Weise lädt Veronika Schmidt dazu ein, den genussvollen Sex in der Ehe zu entdecken.

Flexcover, 16,5 × 23,5 cm, 304 Seiten
Nr. 395.793, ISBN 978-3-7751-5793-3
Auch als E-Book e